ANNALES

DE LA

VILLE DE CASTRES

DEPUIS LES ORIGINES

Jusqu'à la réunion du Comté de Castres au domaine de la Couronne

647 — 1519

Par Louis BARBAZA

CASTRES

LUCIEN GRANIER, LIBRAIRE-ÉDITEUR
IMPRIMERIE ABEILHOU, BREVETÉE
8, RUE MONTLEDIER, 8

1886

ANNALES DE LA VILLE DE CASTRES

DU MÊME AUTEUR :

NOTICE HISTORIQUE

SUR LA VILLE DE PUYLAURENS

Castres, imprimerie Abeilhou. 1865.

ANNALES

DE LA

VILLE DE CASTRES

DEPUIS LES ORIGINES

Jusqu'à la réunion du Comté de Castres au domaine de la Couronne

647. — 1519

Par Louis BARBAZA

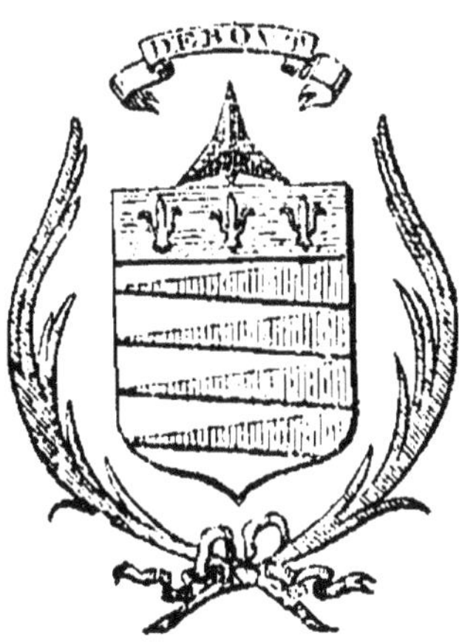

CASTRES
LUCIEN GRANIER, LIBRAIRE-ÉDITEUR
IMPRIMERIE ABEILHOU, BREVETÉE
8, RUE MONTLEDIER, 8

1886

ANNALES

DE LA

VILLE DE CASTRES

CHAPITRE I

Origines de la ville de Castres. — Fondation du monastère de Saint-Benoît. — Liste des Abbés.

647 — 864

Une opinion généralement reçue veut que la ville de Castres doive son origine à un camp romain (*) qui aurait été établi sur les bords de l'Agoût, non loin de l'emplacement qu'elle occupe aujourd'hui.

Cette opinion ne peut guère invoquer en sa faveur que la ressemblance qui existe entre le nom de Castres et le mot latin *castra* qui veut dire camp. Elle ne s'appuie sur aucun document historique ; et le petit nombre d'antiquités romaines qu'on a signalées sur notre territoire, ainsi que leur peu d'importance, ne peuvent nous autoriser à penser que les Romains y aient eu un établissement permanent.

(*) Voir la note I.

Parmi les restes de cette époque, il ne faut pas oublier de mentionner les tronçons d'une voie romaine qu'on rencontre sur le *Causse* de Labruguière. Cette voie, destinée à mettre en communication les deux versants de la Montagne-Noire, descendait de Lacabarède, suivait le cours du Thoré jusqu'à Caucalières et de là se dirigeait sur Castres et Albi.

A Lacabarède (*caput arietis*), il y avait un château-fort, dont l'existence nous est révélée par l'historien Grégoire de Tours (1) et qui gardait le passage de la montagne. Ce château fut pris en 586 par les Goths d'Espagne sous la conduite de Richared, fils du roi Leuvichild, qui de là se répandirent dans les plaines à l'ouest du Thoré et de l'Agoût, pillant et ravageant tout sur leur passage et emmenant les habitants en captivité.

L'origine historique de notre ville se rattache à la fondation sur les bords de l'Agoût, vers le milieu du VIIme siècle, d'un monastère de Bénédictins. L'histoire de cette fondation nous donne une explication du nom de Castres qui ne paraît pas dépourvue de vraisemblance.

En l'an du Seigneur 647, trois hommes pieux et nobles, Robert, Ancelin et Daniel, quittèrent la milice du siècle et le service du prince pour se vouer entièrement à celui de Dieu, sous la règle de saint Benoit, et vinrent s'établir en un lieu solitaire du pays albigeois près de la rivière d'Agoût. Ils y bâtirent de leurs mains trois cellules avec le bois

(1) Grégoire de Tours. Livre VIII. chap. 30.

et les branchages que leur fournissait la forêt voisine et des mottes de gazon. Là ils s'adonnaient à la prière, au jeûne, aux veilles et au travail des mains. La réputation de leur piété se répandit tout à l'entour ; bientôt il leur vint des associés pour prendre part à leurs prières et à leurs austérités, et le nombre des cellules s'accrut rapidement jusqu'à celui de vingt-neuf. L'aspect de ces cellules rangées en bon ordre réveilla dans l'imagination des trois anciens guerriers l'image des camps militaires où s'était écoulée leur jeunesse, et ils donnèrent à ce lieu le nom de camp, *castra*, d'où vient celui de Castres que prit la ville qui se bâtit peu à peu autour du monastère dont ils furent les fondateurs.

Nous allons donner la liste chronologique des abbés de Castres et nous rattacherons à leurs noms les faits intéressants qui se sont passés de leur temps soit dans le monastère, soit dans le pays castrais.

I. Le premier abbé fut Robert, un des fondateurs du monastère. Robert vivait en 647.

II. Faustin était d'Albi. Il avait rempli de hauts emplois dans la milice et avait honoré sa ville natale par son intrépidité et son opulence. Mais touché de l'amour de Dieu et frappé de la vanité des biens périssables, il se retira au monastère de Castres, où il devint moine et ensuite abbé. Il fit construire à ses frais une basilique en l'honneur de saint Benoit. Les vers suivants, qu'on lisait au-dessus de la porte principale de cette église, consacraient le souvenir de sa munificence.

Faustinus, lapsis à Mauri morte decem octo
Lustris, has S. Benedicto dedicat aras
Impensisque suis tota est structura peracta,
Aptavit que suis humeris de more cuculam
Religionis amans, cellis se devovet istis
Atque abbas factus, mira pietate refulsit.

« Dix huit lustres après le décès de saint Maur, Faustin dédia ces autels à saint Benoit. Toute la structure de ce temple a été faite à ses frais. Amant de la Religion, il revêtit la robe monastique et se voua à ce monastère. Fait abbé, il brilla de l'éclat d'une admirable piété. »

St Maur mourut en 573; la dédicace de l'église de St-Benoit eut lieu 90 ans après, c'est-à-dire en 673.

III. Bertrand porta le joug aimable du Christ dès ses plus tendres années, évitant avec soin les embûches du démon. Plein d'amour pour Dieu, il vécut cent six ans. Il mourut enfin, en priant, d'une mort subite mais prévue, afin de jouir de la lumière éternelle.
Il gouverna le monastère jusqu'en 722.

IV. Alphonse lui succéda en 722. Il fut l'ami de Charles-Martel. Ce prince, pour récompenser les grands de son armée, n'hésitait pas à les enrichir des dépouilles des églises et des monastères. Mais sur les sollicitations d'Alphonse et par amitié pour lui, il ordonna que les biens du monastère de Castres seraient respectés.

« Cet abbé entra si avant dans la confiance de Charles-Martel que ce prince l'honora d'une place dans son conseil. Charles éprouva souvent la sagesse de ses avis, mais surtout lorsque son mal ayant considérablement augmenté à Kiersi-sur-Oise et se voyant sur le point de mourir, il le pria de vouloir bien l'aider à faire une mort chrétienne. Alphonse ne l'abandonna pas dans cette occasion ; il l'exhorta par des discours pieux et édifiants à faire un bon usage du peu de temps qui lui restait à vivre. » (1)

Après Alphonse, il y a une grande lacune dans le catalogue des abbés.

V. Grimoald.—812-815.—De son temps, un triple fléau, la guerre, la famine et la peste, fut envoyé pour punir les crimes des hommes. Mais, grâce aux prières de Grimoald, le monastère de Castres fut préservé de ces maux, Dieu s'étant laissé toucher par les vertus du saint abbé.

Virtute abbatis conciliante Deum.

VI. Adelme succéda en l'année 825 à un abbé défunt qui n'est pas nommé, peut-être à Grimoald. Il s'adonna d'abord à l'astrologie ; ensuite, il tourna toute son application vers l'étude des saints livres.

VII. Adalbert obtint de Charles-le-Chauve, pendant que ce dernier assiégeait Toulouse (844), une charte d'immunité pour son abbaye. Il y avait alors soixante religieux dans le monastère. Adalbert en était abbé, Roger prieur, Oldin, sous-prieur et Fulbert, bibliothécaire. Par cet acte, Charles donne à

(1) Dom Vaissète.

l'abbé et à ses frères pleine seigneurie (*imperium*) sur toutes les possessions du couvent, terres, métairies, maisons ; il leur accorde le droit exclusif de pêche pendant le carême (*cœnaticum*) dans la rivière d'Agoût, depuis la fontaine appelée *Dydiac* jusqu'à la fontaine *de metis*, « où commence, dit le diplome, le *cœnaticum* par nous concédé aux frères clatrés (*clatrati*).» Les moines de St-Benoit ne peuvent être contraints de payer de tribut d'aucune nature pour les provisions et denrées (*mercimonia*) qu'ils achètent au marché. Il est enjoint à Mathieu, vicomte de Castres, et à Othon, viguier, de veiller au maintien de ces privilèges.

Il résulte de ce document qu'il y avait à Castres, à côté des moines bénédictins, d'autres religieux dits frères *clatrés ou barrés*, ainsi nommés parce que leur habit était barré de diverses couleurs. On conjecture qu'ils résidaient sur le plateau de Saint-Jean.

Lorsque Charles-le-Chauve accorda aux moines de Castres les privilèges que nous avons énumérés, il était sous les murs de Toulouse et assiégeait cette ville qui s'était révoltée contre lui. Certaines villes et places de l'Albigeois ayant suivi cet exemple de rebellion, Charles, en attendant de les réduire, résolut de les punir par la dévastation de leur territoire. A cet effet, il détacha de l'armée de siége cinq mille fantassins et quinze cents cavaliers. Cette petite armée passa l'Agoût, qui séparait le territoire de Toulouse de celui d'Albi, se jeta sur l'autre rive et s'acquitta en conscience de l'œuvre dont elle était chargée. Cabanes, maisons, villages, elle renversa tout sur son passage, égorgea hommes, femmes et enfants ; si elle faisait çà et là des prisonniers, ce n'était que pour se donner le passe-temps de les pendre, les uns après les autres, aux arbres qu'elle rencontrait sur son chemin.

Galdoin, évêque d'Albi, ému de tout ce que son peuple avait à souffrir, résolut de tirer une éclatante vengeance des forfaits dont il était victime. Il se mit à la tête des milices de sa ville, renforcées de celles que lui amena un seigneur du pays, nommé Alphonse Vabresius, et alla prendre position et dresser une embuscade près du gué Morin de la rivière d'Agoût, par où l'ennemi devait passer à son retour.

Les soldats de Charles arrivèrent en effet, marchant en désordre et surchargés de butin, et s'engagèrent sans défiance dans le lit de la rivière. Aussitôt les hommes de Galdoin se jetèrent sur eux avec une extrême impétuosité et en firent un tel carnage qu'il n'y eut qu'un petit nombre d'entre eux qui purent trouver leur salut dans la fuite. Parmi les autres, ceux qui n'étaient pas tombés sous le fer périrent noyés dans l'Agoût ou furent pendus aux arbres du rivage.

En mémoire de ces terribles représailles, le gué Morin reçut une nouvelle dénomination et fut appelé le gué du Talion (*vadum Talionis*). Cette appellation de gué du Talion est reconnaissable dans le nom de Guitalens que porte une petite ville bâtie sur les bords de l'Agoût, tout près du lieu qui fut le théâtre de cet évènement.

VIII. Elisachar était abbé de Castres en 854.

IX. Gislebert ou Gilibert lui succéda. Ce fut pendant le temps qu'il était abbé que le corps de saint Vincent, martyr, fut transporté d'Espagne au monastère de Castres.

CHAPITRE II

Histoire de l'invention et de la translation à Castres du corps du bienheureux Vincent, lévite et martyr. (*)

I

En l'an 855, vivait au monastère de Conques [1] en Aquitaine, un moine du nom de Hildebert. C'était un homme simple, d'âge mûr, de vie austère et qui, suivant lui-même les traces des Pères de la vie monastique, était devenu l'exemple et le modèle de beaucoup de ses frères. Une nuit, après la récitation de l'office, il se livrait au sommeil, lorsqu'une voix divine se fit entendre à lui, disant : « Frère, veilles-tu ? » Le moine répondit : « Seigneur, que voulez-vous que je fasse ? » La voix reprit : « Lève-toi, va à Valence d'Espagne et cherche en dehors des murs de la ville le lieu de la sépulture de Vincent, lévite et martyr. L'église qui l'abritait, les païens l'ont détruite à cause de la méchanceté des habitants du pays ; et maintenant cette tombe est délaissée, sans honneurs religieux. Sache donc qu'il est juste que le corps de ce glorieux ami de Dieu soit transporté dans un lieu de paix, où un culte légitime lui sera rendu. » Ces paroles dites, l'apparition

---

(*) Voir la note II.

(1) Conkittas.

céleste s'évanouit aux yeux du voyant et la voix cessa de frapper son oreille. Hildebert ayant chassé le sommeil et repassant dans son âme les paroles qu'il venait d'entendre, se leva, prompt à invoquer la bonté de Dieu, afin que l'auteur de toutes choses daignât le rendre digne d'accomplir le dessein qu'il lui avait plu de lui révéler.

II

Il y avait dans le même monastère un autre moine nommé Audalde, qui était uni à Hildebert par les liens d'une étroite amitié et lui était semblable de tout point par l'âge et par le caractère. Hildebert lui dévoile en secret la révélation qu'il vient d'avoir et le supplie de beaucoup de manières d'être son aide et son associé pour l'exécution de l'ordre qu'il a reçu du ciel : il invoque leur commune affection ; il l'assure que le secours de Dieu et du saint martyr ne peut leur manquer et lui promet comme dédommagement de leurs fatigues une éternelle récompense. Le pieux Audalde reçoit d'une âme attentive et pénétrée le secret de son ami et, enflammé par ses paroles, il lui donne le consentement qu'il attendait. Ils découvrent alors leur dessein à Blandin, abbé de ce lieu, et à leurs autres frères. Ceux-ci, éclairés sans doute par une lumière d'en haut, applaudissent à ce projet et l'accueillent avec joie et confiance.

III

Toutes choses ayant été préparées, les deux amis quittent le monastère accompagnés de deux serviteurs seulement, et s'avancent joyeux vers le but qui leur a été marqué par le ciel. Mais, pendant qu'ils se hâtaient par les chemins les plus courts, Hildebert tomba malade et fut obligé de s'arrêter en route. Audalde, bien qu'affligé et réduit à la société d'un seul compagnon, ne laissa pas de marcher courageusement ; et, malgré les embûches des païens il parvint enfin à cette ville de Valence, terme de son voyage. Quatre jours s'étaient déjà écoulés depuis son arrivée, et il était plein d'incertitude sur la conduite qu'il devait tenir, lorsqu'il se décida à découvrir à son hôte, un maure nommé Zacharie, le but secret de son voyage et à lui demander de lui venir en aide. Zacharie y consentit volontiers et lui dit qu'il savait l'endroit où reposait le précieux martyr du Seigneur et qu'il était très assuré que sa tombe n'avait pas été fouillée. « Allons, dit Audalde, et voyons si les choses sont ainsi que tu l'affirmes. »

« Que me donneras-tu, reprit le Maure, si je te montre ce que tu cherches ? — Je n'ai que peu d'argent, répondit le moine, mais sur ce peu je te donnerai ce que tu me demanderas, je te donnerai même la somme entière s'il le faut. » Zacharie, rendu modéré dans sa demande par une instigation divine, comme nous croyons, et par l'influence du saint martyr, exigea seulement quarante pièces d'argent, c'est-à-dire cinq sous d'or, qui lui furent payés avec empressement. Cela fait, ils s'en allèrent à l'endroit où se trouvait l'église en ruines dont nous avons parlé et ne tardèrent pas à découvrir sous les décombres le tombeau du saint. Il était marqué par une pierre, sur laquelle on lisait que là reposait le saint lévite et martyr Vincent. On y voyait aussi les noms illustres de son père Euticius et de sa mère Enola. Ayant ainsi reconnu la place du sarcophage, ils revinrent à la maison bien avant le soir ; Audalde louait et bénissait Dieu d'avoir donné à son voyage une aussi heureuse issue.

IV

Pendant que la nuit apporte aux hommes un repos si salutaire, Audalde et son hôte se lèvent et, éclairés par une petite lampe, reviennent sans bruit au tombeau du saint. Ils y trouvent un sarcophage de marbre d'une admirable beauté. Faisant effort tous les deux en même temps, ils en soulèvent le lourd couvercle avec une facilité inattendue. Mais qui pourra dire l'admiration du moine, inventeur d'un si grand trésor, à l'aspect du corps parfaitement conservé, son attendrissement et ses larmes de joie causés par l'odeur suave qu'il répandait. Il était plus clair que la lumière que celui qu'on cherchait, Vincent, le lévite et martyr de Dieu, était retrouvé. Son corps déchiré par les tourments était à ce point exempt de corruption que, par suite de la rigidité des nerfs, on ne put le mettre dans le sac, qui avait été préparé pour l'emporter, sans le rompre au préalable aux articulations des genoux. Cette opération accomplie avec crainte et révérence, le corps est porté à la maison de Zacharie ; et le moine Audalde attend de jour en jour le moment favorable pour se remettre en route et revenir dans sa patrie.

V

Ayant enveloppé les reliques de branches de palmier afin de les dérober aux yeux, Audalde, chargé de ce vénérable fardeau, reprend enfin la route tant désirée. Le Seigneur voulut lui montrer encore une fois que c'était bien le corps de Vincent, lévite et martyr, qui avait été retrouvé. Une nuit, pendant qu'Audalde, fatigué de la route, dormait d'un sommeil plus profond que d'habitude, une lueur subite, sans doute descendue du ciel, remplit la demeure où les reliques étaient déposées. Ce fut au point que l'hôte, couché dans une chambre voisine, crut que sa maison était en feu. Réveillé par les imprécations qu'il fait entendre, le moine se lève et, lui-même inondé de clartés, considère, timide et silencieux, cette manifestation divine dont il ne se rend pas compte tout d'abord. Mais bientôt, revenu à lui-même, il reconnaît la vertu du Très-Haut. Aussitôt il cherche à rassurer son hôte, peut-être brutal comme les gens de sa nation ; il lui dit que c'est lui, Audalde, qui a allumé du feu. Le païen se tranquillise et se rendort ; il n'avait pas été jugé digne d'être initié au mystère de ce fait miraculeux.

VI

Audalde se lève de grand matin et se remet en route. Au bout de quelques jours, il arrive à Saragosse (*Cœsar-Augusta*), et là une femme dévote et charitable, le prenant pour un pèlerin, lui offre l'hospitalité et le conduit, pour passer la nuit, dans sa maison située près des remparts de la ville. Mais, sollicitée par la curiosité, elle épie le moine retiré dans la partie la plus reculée de la maison. Celui-ci avait allumé des cierges et se tenait debout, dans l'attitude de la prière, devant le corps du saint. Mise en éveil par ce spectacle extraordinaire, cette femme court à l'église au premier coup de matines et fait annoncer à l'évêque ce qu'elle a vu. Celui-ci mettant de côté tout scrupule, ordonne qu'on s'assure de la personne du moine et que le sac entouré de palmes lui soit apporté. Pendant ce temps, Audalde, occupé de pourvoir aux nécessités de la route, était allé au marché pour acheter du pain. Son serviteur, étant muet, ne pouvait remplir cet office et était resté à la maison. L'évêque, ayant défait le faisceau de palmes, se trouva en présence des précieux ossements ; il ne douta pas un instant que ce ne fussent les reliques de quelque saint martyr. Il ordonna de les porter et de les déposer avec respect dans l'église de la bienheureuse Marie toujours vierge. Dans cette église, qui est la mère des autres églises de la ville, notre martyr et courageux athlète avait jadis rempli les éminentes fonctions d'archiviste, sous le pontificat de Valère.

VII

Lorsqu'Audalde revint à la maison, un instant lui suffit pour se rendre compte de son malheur. Alors plein de tristesse et tout en pleurs, il se rendit auprès de l'évêque (il avait nom Senior) et se plaignit de cet injuste enlèvement. « C'était un de mes parents, dit-il ; il est mort naguère en Espagne et y a été enseveli. Je voulais déposer ses restes dans la sépulture de ma famille et, dans ce but, à travers mille difficultés, mais avec la protection du Christ, j'ai accompli un très long voyage. Ce corps, je l'ai racheté des païens moyennant une forte rançon ; mais, ô douleur ! j'ai rencontré un évêque plus cruel que les païens eux-mêmes. Ce que j'avais obtenu de leur humanité, ta violence me le ravit ; et dans ton caprice insensé, tu veux faire des reliques des restes de mon parent, d'un homme pécheur ! » L'évêque, irrité par ces paroles, ordonne de retenir le moine, menaçant de le faire frapper de verges et de lui infliger des tortures inusitées, s'il ne révèle le nom du saint et en quel lieu ou ville il a dérobé son corps. En effet, Audalde est mis entre les mains du bourreau, cruellement frappé et enfin suspendu par les testicules. Vaincu par la douleur, il finit par avouer que ces reliques sont celles d'un saint espagnol, auquel il attribue le nom imaginaire de saint Marin. Alors l'évêque, en parti trompé, mais resté l'impie détenteur et maître d'une sainte proie, fait jeter le moine dehors. Audalde brisé de coups, accablé de chagrin et ne cessant de verser des larmes, revient à son monastère et raconte à ses frères sa malheureuse histoire. Ceux-ci l'écoutent sans le croire, l'accusent de mensonge et le traitent de vagabond (*gyrovague*). Enfin ils le séparent de leur communauté et l'expulsent de leur couvent. Audalde alla chercher un refuge au couvent de Saint-Benoît de Castres, auprès du pieux Dom Gislebert, abbé de ce couvent, et de ses frères. Il leur fit le récit de son voyage, entra dans le détail de ce qu'il avait fait et leur raconta comment le corps du saint lévite et martyr lui avait été ravi. Ceux-ci, pleins d'admiration à ce récit merveilleux et déjà nourrissant les plus belles espérances, accueillent Audalde et lui accordent de demeurer avec eux sa vie durant. Puis, attentifs, ils épient l'occasion opportune de se couvrir d'une gloire que d'autres n'avaient pas eu la constance de mériter.

VIII

Le moment favorable se présente enfin. Après une longue attente de huit ans et demi, les moines de Castres, sur un avis de leur puissant ami et protecteur Salomon, comte de Cerdagne, envoient quelques-uns de leurs frères à Saragosse pour recevoir les reliques du saint lévite et martyr. Salomon, en effet, avait été instruit de tout. Cet homme sage et ami de la justice s'était transporté auprès du roi de Cordoue et lui avait porté plainte contre l'évêque Senior ; ce dernier, disait-il, s'était emparé du corps d'un sien parent nommé Sugarius et le détenait contre tout droit à Saragosse. Cette demande appuyée par de riches présents avait été bien accueillie ; et le roi de Cordoue avait donné l'ordre à son vassal Abdila, roi de Saragosse, de tenir la main à ce qu'on restituât à Salomon le corps de son parent Sugarius. Toutes choses ainsi préparées, l'évêque est appelé devant le tribunal d'Abdila et accusé du crime de lèse-majesté pour avoir, au mépris de l'autorité impériale, commis contre un mort un si grand attentat. L'évêque nie tout et jure Dieu et ses saints qu'il n'a rien fait de ce dont on l'accuse. Audalde est introduit et se prépare à le confondre ; mais la discussion qui s'établit entre eux dégénère en vaine altercation. D'ailleurs tous les moyens de douceur ont été épuisés ; il est temps de recourir à des arguments plus redoutables : Si l'évêque n'avoue la vérité, il sera attaché à une corde par les pieds ou par le cou et traîné par la ville jusqu'à ce que mort s'en suive. Bien qu'invoqué à Saragosse sous le nom de saint Marin, saint Vincent n'avait pas laissé d'y manifester sa puissance, aussi l'évêque répugnait-il à faire abandon de ses reliques. Mais maintenant, accablé par l'horreur du sort qui le menace, il avoue enfin ce qu'il a fait et révèle, non sans douleur et gémissements, le lieu où le corps saint a été inhumé.

Aussitôt les moines courent à l'endroit indiqué, retrouvent et ramènent au jour les précieuses reliques. Cependant un d'entr'eux, nommé Ratbert, était hésitant dans sa foi ; il voulait qu'on ouvrit le cercueil et qu'à de certaines marques connues d'Audalde on s'assurât que c'était bien en effet le corps de saint Vincent qu'il renfermait. Il veut s'en approcher ; mais la jambe qu'il porte en avant est aussitôt paralysée et pleine de fourmillements. Les autres moines, à la vue de ce signe miraculeux, ne peuvent plus concevoir aucun doute. Ils emportent le corps et, au même instant, leur frère Ratbert retrouve la vigueur qu'il avait perdue. Bientôt, leurs préparatifs de départ étant terminés, les moines reprennent la route de leur monastère sous la conduite du Seigneur.

IX

Ils parvinrent ainsi au fort de Balaguer, sur les bords de la Sègre, et s'établirent dans une île voisine du rivage. Aussitôt le bruit se répand de la présence dans le pays des reliques du noble lévite et martyr. Les habitants accourent en grande affluence, offrant suivant leur pouvoir, hommages et présents. Parmi cette foule, une femme est amenée, qui était aveugle depuis longtemps. Elle se prosterne à terre devant les reliques et demande que la lumière lui soit rendue. Par ses larmes, par ses instantes supplications, elle obtient de recouvrer la vue. Dans son étonnement elle s'écrie : gloire à Dieu, gloire à toi saint martyr, qui m'as jugé digne de servir à manifester ta puissance !

X

Partis de là, ils arrivèrent par une marche rapide au château de Berga, où le Seigneur daigna montrer par un nouveau miracle en quelle faveur étaient auprès de lui les mérites du saint lévite et martyr. Parmi la foule venue pour implorer les bienfaits du bienheureux se trouvait un boiteux qu'on avait été obligé de porter et qui souffrait dans tout son corps Cet homme, mis en présence des reliques, commença, ainsi qu'il arrive souvent en pareil cas, à être affligé de douleurs très vives, jusqu'à se rouler en convulsions sur le pavé. Mais Dieu, touché par l'intercession du bienheureux Vincent, eut bientôt pitié de lui. Ses pieds se raffermirent, sa démarche devint assurée, et accompagné d'acclamations amies, il revint auprès des siens sans le secours de personne et complètement guéri.

XI

La lumière ne doit pas être cachée, mais elle doit être mise sur le chandelier, afin qu'elle brille aux yeux de tous. C'est pourquoi les moines placèrent sur un char le corps du saint rayonnant de l'éclat de tant de miracles et, sous la conduite de Salomon, leur guide pacifique, ils vinrent jusqu'en Cerdagne. Là, à cause du concours des populations et pour jouir d'un repos imposé par les fatigues du voyage, ils prirent la résolution de s'arrêter pendant quelque temps. Ils entrèrent dans une ville nommée Albe (*Albis*) par ses premiers habitants et placèrent les reliques sur l'autel de la bienheureuse Vierge Marie. Il vint en ce lieu, pendant deux jours, une multitude innombrable de personnes des deux sexes, parmi lesquelles, deux hommes ankylosés des genoux (*genibus contracti*), une femme anémique (*debilis mulier*), un aveugle, des fébricitants ou énergumènes (*febricitantes seu energumeni*) furent, par les mérites du saint, délivrés de leurs infirmités. Aucun de ceux qui vinrent dans des sentiments de foi ne s'en retourna sans éprouver quelque soulagement de ses maux.

XII

Presque toutes les étapes furent ainsi marquées par des miracles : à Livia, deux boiteux furent redressés ; à Carcassonne, dans l'église consacrée hors de la ville à notre saint lévite et martyr, des infirmes, des démoniaques sont guéris. Cependant le pieux convoi s'approche de Castres, du monastère de notre père Benoît. Nous n'essaierons pas de décrire la pompe triomphale de la réception, la procession des moines porteurs de cierges et revêtus d'ornements précieux, le dévot empressement de la multitude. Le corps du martyr fut déposé dans l'église de la sainte Mère de Dieu, qui est située devant la porte du monastère. Ce fut pour donner satisfaction à la dévotion des femmes ; car, d'après l'ancienne coutume, l'entrée du couvent leur était interdite. Toutefois, les moines résolurent de bâtir une basilique en l'honneur du saint, voisine du monastère, et dans laquelle les personnes dévotes des deux sexes auraient un libre accès.

XIII

Dieu, dans sa bonté et sa toute puissance, voulut confirmer par un miracle éclatant l'authenticité des reliques du saint et enlever tout prétexte à l'incrédulité. Dans la villa de Vidcelles *(Biceous ?)* située à trois milles environ du monastère, une femme nommé Aitrude fut vivement exhortée par un de ses voisins à laisser là sa quenouille et ses fuseaux pour se joindre au concours immense de peuple qui se portait au devant des reliques du bienheureux. Cette femme, riant aux éclats, refusa, disant que c'était plutôt le corps de quelque païen maure ou espagnol que celui d'un martyr. Mais aussitôt ses membres se contractent et lui refusent leur service ; elle tombe à terre comme un cadavre et s'écrie d'une voix lamentable qu'elle va rendre le dernier soupir. Elle supplie les siens de la porter à l'église du saint. On l'y transporte sur un char ; et là, pendant neuf jours, à la vue de tous, elle reste frappée de la même débilité. Pendant les neuf jours suivants, elle revint peu à peu à la santé et enfin s'en alla complètement rétablie.

XIV

Les reliques de saint Vincent étaient devenues un but de pélerinage pour les peuples et surtout pour les malades. Des gens de la Cerdagne, dans le cours de ce pieux voyage, furent, un jour, non loin du monastère, assaillis par des malfaiteurs et dépouillés de tout ce qu'ils avaient et même de leurs vêtements. Ils arrivèrent ainsi, pleurant et gémissant. Mais par un effet merveilleux de la justice divine, les voleurs qui avaient pris la fuite dans une direction opposée, revinrent à Castres, contraints par une force mystérieuse qui tournait leur course vers le lieu même qu'ils fuyaient. De telle sorte que spoliateurs et spoliés se trouvèrent bientôt en présence, les premiers ayant encore dans les mains les objets dérobés et déjà craintifs et déconcertés, les autres partagés entre l'étonnement et la colère. Le peuple voulait faire aux larrons un mauvais parti ; mais ils supplièrent que, par amour du Christ et du saint martyr, on ne leur fît pas de mal. Ils obtinrent leur grâce et restituèrent ce qu'ils avaient pris. Tous s'en allèrent chacun de son côté, louant et remerciant Dieu et saint Vincent, les uns d'avoir retrouvé leur bien, les autres d'avoir obtenu leur pardon.

XV

Il ne faut pas passer sous silence un fait digne d'une égale admiration. Un homme du pays de Camarés vint au tombeau de saint Vincent pour y prier. Le jour touchait à sa fin. Avant d'entrer dans la basilique, cet homme, par respect pour le lieu saint, laissa la lance dont il était armé appuyée contre un des arbres plantés autour de l'église ; puis il entre dans le temple pour y faire ses dévotions. Pendant qu'il priait, un voleur s'empare de la lance et s'enfuit au plus vite dans la direction de sa maison qui n'était pas éloignée de là. Mais, troublé dans son esprit, il s'égare, marche toute la nuit et arrive, après avoir fait près de trente lieues, précisément à la maison de l'homme à qui la lance appartenait. Exténué de fatigue, il frappe à la porte et se trouve en présence de la femme du pèlerin. Celle-ci n'eut pas de peine à reconnaître la lance de son mari. Elle s'en saisit, pardonne au voleur qui proteste de son repentir, lui donne de l'eau pour apaiser sa soif et bénit saint Vincent d'avoir réparé le dommage causé à un de ses serviteurs.

XVI

Puisque nous avons parlé du projet des moines d'élever une église à saint Vincent et que cette église fut bâtie en effet, il ne sera pas hors de propos de raconter un miracle qui se rattache à la construction de cet édifice. Plus de deux cents hommes s'employaient par dévotion à cet ouvrage, sans compter les femmes et même les infirmes et les petits enfants. Un jour, un pauvre aveugle, ne voulant pas rester seul oisif et inutile au milieu de l'activité de tous, se fit charger par son guide d'une grosse pierre qu'il voulait porter sur le chantier. Il s'avançait pliant sous le faix et raillé par le peuple de ce qu'il avait entrepris un travail au-dessus de ses forces. Mais il déclara qu'il ne s'arrêterait pas avant d'avoir accompli sa tâche. Il n'eut pas fini de parler qu'il recouvrait la vue.

XVII

Le vénérable Hélisagar était alors évêque de Toulouse. Le bruit de ces merveilles étant venu jusqu'à lui, il exhorta le clergé et le peuple en vertu de son droit pastoral, à se joindre à lui pour aller prier au tombeau du saint martyr. Au temps fixé, le bon pasteur se met en route entouré de son troupeau et, semblable au plus humble des pélerins, il achève son voyage nu-pieds, à partir du neuvième mille avant d'arriver au monastère. Il y avait parmi ceux qui l'accompagnaient un homme qui était né avec les doigts contractés, à ce point qu'ils étaient adhérents à la paume de la main. Tout-à-coup cet homme sentit ses doigts libres et dégagés et le sang jaillit des points où ils étaient auparavant comme soudés. Toute la troupe éclate en actions de grâces ; on n'entendait qu'hymnes, litanies, chant du *Te Deum* ; et chacun baisait avec joie ces mains ensanglantées.

XVIII

Un homme avait caché sur sa poitrine l'argent

dont il avait besoin pour quelque affaire. Une femme sans pudeur, experte en l'art de dérober, parvint à le lui soustraire Mais aussitôt la main coupable du méfait se resserra sur l'argent volé, en sorte que cette femme ne pouvait plus l'ouvrir. Alors elle se réfugia auprès des reliques du saint martyr et, par ses ferventes prières et celles d'autres fidèles, elle obtint sa guérison. La main s'ouvrit et restitua ce qu'elle détenait injustement.

XIX

Un père de famille avait une fille aveugle de naissance. Plein de confiance en la puissante protection de saint Vincent, il l'amène au monastère. Mais il apprend que, par suite de la crainte qu'inspiraient les païens normands, le corps sacré avait été transporté en un lieu plus éloigné et plus sûr. Poussant alors de nombreux gémissements, il disait : ô Christ, ayez pitié de mon malheur, ô bienheureux saint Vincent ayez pitié de ma fille ! La clémence divine toujours en éveil, touchée par les prières du grand athlète et par la foi du père, rendit la lumière à la fille.

XX

Une autre jeune fille, aveugle aussi dès sa naissance, croyait fermement que par l'intercession d'un si grand martyr elle pourrait jouir de la lumière. Elle pria sa sœur de la conduire auprès de ses reliques. Pendant qu'elles étaient en route, elles apprirent que les reliques avaient été transportées dans un lieu éloigné. Elles ne pouvaient songer à s'y rendre à cause de la rigueur de l'hiver et de l'âpreté des montagnes qu'il fallait franchir. Alors l'aveugle conseilla à sa sœur de faire des cierges avec la cire qu'elles apportaient pour offrande et de les placer à un certain endroit de la route, où le corps du saint s'était un moment arrêté pendant qu'on le transportait. Ce lieu, en effet, était devenu célèbre par des miracles. On disait que les animaux eux-mêmes, qui s'en approchaient, en ressentaient l'influence et demeuraient immobiles. Les deux sœurs se prosternent, répandent leurs prières et leurs gémissements et, tout à coup, celle qui était venue ne connaissant pas la lumière, s'écrie qu'elle y voit très clairement.

XXI

Il y avait à Castres un homme exerçant le métier de pêcheur, nommé Ubidandus. Etant parti pour la pêche avec ses compagnons et voyant ceux-ci s'attarder pour prier à cet endroit de la route dont nous venons de parler, il leur dit : « Bientôt vous adorerez les arbres de cette forêt, vous dont la dévotion mal entendue fait un oratoire de chaque carrefour des chemins. » A peine a-t-il parlé que sa bouche se retire et remonte vers l'oreille et que sa figure est toute déformée. Alors plein de repentir, il se prosterne de tout son corps et confesse qu'il a été injurieux et blasphémateur. Puis il se rend en toute hâte à l'église, où les reliques du saint étaient vénérées, et là, de jour et de nuit assidu à la prière, il obtient enfin sa guérison.

XXII

Grâce à cette abondante effusion de miracles, les

aveugles recouvraient la vue, les sourds et les muets l'usage de l'ouïe et de la parole, les boiteux étaient redressés, les énergumènes délivrés et les démons mis en fuite, enfin les malades, quelles que fussent leurs infirmités, rendus à la santé. Une pauvre femme, aveugle depuis longtemps, entreprit un long voyage pour visiter les reliques du saint martyr. Mais les gens qui la guidaient dans sa marche, fatigués de la peine et de l'ennui qu'ils avaient à la conduire, voulaient l'abandonner à moitié chemin. Alors elle pria l'un d'eux d'offrir tout au moins pour elle au saint martyr quelques cierges qu'elle portait, chétifs présents de sa pauvreté, et de les allumer devant son autel. Mais, au même instant, elle commence à distinguer ces cierges qu'elle tendait à son interlocuteur. Dès lors, elle n'a plus besoin de conducteur ni de représentant auprès du saint. Joyeuse, elle continue son chemin ; et ses yeux s'éclaircissent de jour en jour. Elle arrive enfin, devançant ses compagnons de route, à l'église, où les reliques du saint lévite et martyr étaient exposées. Elle offre les cierges, les allume et recouvre la vue complètement.

XXIII

Au miracle que nous venons de raconter est semblable celui qui se passa au village de Rote (*Rotenensi pago*) qu'on appelle aussi Rodinigus. Un homme perclus des genoux était amené à saint Vincent. Ceux qui le conduisaient, gens inhumains et lâches, l'abandonnèrent en chemin malgré ses pleurs. Mais le Seigneur miséricordieux qui ne cesse pas d'exaucer les prières de ceux qui l'invoquent dans leurs afflictions, eut pitié de ce pauvre malheureux gisant sur la route, le remit sur ses pieds et d'impotent qu'il était le rendit alerte et vigoureux, à ce point que, marchant à grands pas, il eut bientôt rejoint ceux qui l'avaient abandonné. Ceux-ci, frappés d'étonnement ne purent que s'accuser eux-mêmes et se repentir amèrement d'avoir, dans leur cruelle indolence, délaissé un homme que le ciel avait jugé digne de ses bienfaits.

XXIV

La coutume de la congrégation de Castres était, ainsi que nous l'avons dit, d'interdire aux femmes l'entrée du monastère. Aussi les moines avaient-ils pourvu sagement à ce que les reliques du bienheureux Vincent fussent déposées dans la basilique de Marie, mère de Dieu, où les femmes avaient accès. Mais, avec le temps, l'affluence de ces dernières ayant cessé, ils portèrent les reliques dans l'église du monastère et les placèrent derrière l'autel de St-Benoit, jusqu'à ce que le temple qui leur était destiné fut terminé. Une femme, aveugle depuis plusieurs années, essayait un jour de pénétrer jusqu'au tombeau du saint ; mais un moine alla vers elle et l'obligea à revenir sur ses pas. Dans sa tristesse, elle lève ses yeux éteints vers le ciel, invoque le secours du saint et verse des torrents de larmes. Comme entrainée par leur cours, la cécité disparait.

XXV

Dans le lieu nommé la Celle d'Uvaldarius et voisin du monastère, il se produisit un fait bien digne d'être raconté. Une troupe de soldats occupaient ce canton et, comme les prés y sont rares, ils menaient pâturer leurs chevaux dans un champ ensemencé appartenant au couvent. Les moines allèrent porter plainte à Hermengaud, comte d'Albi, le priant de protéger leur propriété. Celui-ci leur recommanda de prendre quatre serviettes offertes par de pauvres femmes à l'église de St-Vincent, de les attacher à des perches et de planter ces signaux autour de leur champ, afin que les soldats fussent avertis que l'entrée leur en était interdite. Un de ces hommes, au mépris de cette interdiction, renverse une des perches et s'efforce de faire entrer son cheval dans le champ. Mais, atteint en pleine figure par une ruade de l'animal, il tombe et meurt sur le coup. Cet événement inspira aux autres une juste terreur ; ils ne purent s'empêcher d'y reconnaître la main de Dieu et la puissance du saint martyr.

XXVI

Le fait suivant n'est pas sans analogie avec celui qui précède. Le moine Dom Albéric, accompagné de son frère Hélie, était allé à Empuries (*Pagum Impuriensem*) et là s'était logé dans une maison de campagne dépendante du monastère et nommée Garricula. Les ennemis surviennent qui, sans ménagement pour personne, pillent village et maison de campagne et s'emparent même des chevaux d'Albéric. Celui-ci ne put pas obtenir que tout au moins on lui en laissât un ; il demandait celui qu'il savait être le plus vigoureux. Le cheval réclamé devint le vengeur d'une double injure (c'est-à-dire du vol et du refus d'une bien faible réparation) ; car il atteignit son ravisseur à la tête d'un coup de pied et l'étendit raide mort. Les complices de ce dernier, frappés d'épouvante, prirent la fuite au plus vite, abandonnant non seulement les chevaux, mais encore tout le butin qu'ils avaient fait dans la maison.

XXVII

L'histoire de la guérison d'un sourd-muet mettra fin à ce récit. Un homme illustre, nommé Georges, avait un serviteur sourd-muet qu'il fit conduire au tombeau de saint Vincent. Cet homme, lorsqu'il fut à douze milles environ du monastère, commença d'entendre et de parler ; et le premier usage qu'il fit de la parole fut de prier ses compagnons de presser avec lui le pas, afin de rendre au plus tôt leurs actions de grâce au saint lévite et martyr. Ils s'acquittèrent de ce devoir à la gloire de Dieu et de Notre-Seigneur Jésus-Christ, qui fait éclater partout la puissance de ses saints et dont l'honneur et l'empire durent sans fin dans les siècles des siècles. Amen.

L'auteur de ce récit est Aimoin, moine de St-Germain-des-Prés, il était contemporain des faits qui y sont retracés et les tenait, ainsi qu'il nous l'affirme, de la bouche du moine Audalde. Ce dernier, on le sait, avait joué le principal rôle dans la découverte et la translation des reliques de saint Vincent.

CHAPITRE III

Suite de la liste des abbés de Castres. Fondation du monastère d'Ardorel.

864 — 1317

X Salomon succéda à Gislebert en 864. Pendant le règne de cet abbé, les serfs du monastère formèrent le complot de faire périr les moines et mêlèrent du poison à leur nourriture. Quatorze d'entre eux moururent victimes de cet attentat. Les serfs furent mis en jugement Six expièrent leur crime dans les flammes. Le reste fut mis en liberté.

Le chroniqueur s'écrie à propos de cet empoisonnement :

Servorum insidiis potuitne resistere quisquam
Queis condere cibos tradila cura fuit ?

Quel moyen de ne pas succomber aux pièges des serviteurs qui sont chargés de préparer nos aliments ?

XI. Bernon était abbé en 869. Ce fut à lui et à ses frères du monastère de Castres qu'Aimoin dédia ses deux livres sur la translation des reliques de saint Vincent. Aimoin produisit deux autres livres en vers sur le même sujet, à la prière de Théotger, moine et diacre de Castres.

XII. Rigaud. 874. 884. 888.— Il édifia la basilique de saint Vincent et y transféra les reliques du saint. En ce temps-là de nombreux miracles se produisirent.

XIII. Guilhem. 921. — C'était un homme d'une haute éloquence. Il paraît qu'il s'éleva avec violence contre les vices du haut clergé ; c'est du moins ce que la chronique laisse conjecturer. A cause de cela, il fut chargé de chaînes et jeté en prison à Albi. Le peuple se mutina et le délivra de sa prison. Mais Guilhem, ne voulant pas devoir sa liberté à une émeute, revint se constituer prisonnier. Il fut délivré par le peuple une deuxième fois.

Ascendit cathedram nulli sermone secundus
Guilhem. Pastores arguit esse lupos.
Innocuo trahitur collo, populique tumultu
Exiit immunis carceris e laqueo
Sponte suâ Albigam repetito carcere venit.
Fit nolens liber seditione pari.

XIV. Durand confondit par sa doctrine un hérétique nommé Valfred, lequel enseignait que l'âme périt avec le corps. Durand vivait en 953.

XV. Ermengaud. 961. — Le comte Raymond, fils d'Ermengaud, comte de Rouergue, fit à cet abbé plusieurs legs avec substitution après sa mort en faveur du monastère.

XV. Sancius. 992-1020. — C'était un homme austère et qui donnait l'exemple de toutes les vertus. Il eut à réprimer de grands désordres qui s'étaient introduits dans le monastère. Une courtisane, nommée Paule, avait induit certains moines à oublier leurs vœux de chasteté. Sancius fit rentrer ses frères dans le devoir et les arracha à d'indignes amours Son zèle lui valut de mauvais traitements, car cette malheureuse l'assaillit de coups avec un bâton ferré.

Sancius inculcat Domini præcepta, viasque
Ipsius monstrans, dissipat omne scelus.
Castigat corpus, menti retinacula tradit
Commissumque gregem dirigit atque fovet.
Oblitos voti monachos meretricio amori
Subripit: hunc meretrix Paula dolone petit.

XVII. Arnaud I. 1030. — Dégoûté des plaisirs du monde, Arnaud entra au monastère de Saint-Benoît pour faire pénitence des égarements de sa jeunesse. Il parvint à un si haut degré de sainteté qu'on lui attribuait de nombreux miracles. Il guérissait, dit la chronique, les malades par un simple attouchement et rendit la parole à des sourds-muets. Telle fut la grâce que Dieu accorda à son repentir.

Infirmos sanat tactu, mutosque loquaces
Reddit: contrito hæc gratia facta viro est.

C'est sans doute pendant qu'il était abbé qu'il faut placer la visite que le pieux roi Robert fit à l'église de Saint-Vincent de Castres. Cette visite eut lieu peu de temps avant la mort du roi qui arriva en 1031.

XVIII. Gérébrard. 1043-1052-1066. — On l'accusa d'imprudence pour avoir déserté son troupeau afin de visiter les lieux saints. Son absence fit naître la discorde dans l'intérieur du monastère ; et ce fut sans doute une des causes qui engagèrent Raymond-Bernard, vicomte d'Albi, et Frotaire, évêque de Nîmes, son oncle, à faire donation de l'abbaye de Castres, qu'ils considéraient comme étant de leur domaine, à Bernard, abbé de Saint-Victor de Marseille. L'acte de donation, qui est du mois de janvier 1073, constate qu'à cette époque, l'abbaye de

Castres était tombée dans un grand relâchement.

CHARTE DE FROTAIRE, ÉVÊQUE DE NIMES *par laquelle il soumet le monastère de Castres à l'abbaye de Saint-Victor de Marseille.*

Au nom de la sainte et indivisible Trinité, moi Frotaire, évêque, et Raymond, vicomte, mon neveu, considérant que le monastère de Saint-Benoît et de Saint-Vincent, constitué sous notre puissance, est, à cause de nos péchés, complètement déchu de l'ordre régulier et amoindri d'une très grande part de la noblesse et de la gloire dont il était orné, nous avons pensé à y rétablir l'observance. Et, comme nous ne pouvons faire cela par nous-mêmes, nous avons prié l'abbé de Marseille et sa congrégation d'être nos auxiliaires et d'assumer cette tâche en considération du grand fruit qu'elle doit produire ; ce à quoi ils ont déclaré consentir avec l'aide de Dieu. C'est pourquoi..... nous, Frotaire, évêque, et Raymond, vicomte, donnons le monastère appelé Castres (*Castras*) à Bernard, abbé de Saint-Victor de Marseille et à ses successeurs, à condition qu'ils y envoient un abbé et des moines pour y rétablir la régularité. Et, lorsque l'abbé de Castres viendra à mourir, que le même Bernard et ses successeurs envoient toujours à ce monastère des abbés qui vivent selon Dieu et leur soient obéissants. Si quelque abbé de Castres s'éloigne de la voie de Dieu, que l'abbé de Marseille aille à lui et le réprimande deux et trois fois. S'il ne veut pas s'amender, qu'il soit chassé et remplacé par un autre qui soit digne et obéissant. Pour le bien de la religion, nous voulons que ceci soit ferme et stable et que personne n'ait jamais le pouvoir d'enfreindre cette constitution. Et si quelqu'un tente de la violer, qu'il échoue dans son dessein et soit frappé dans ce monde et dans l'autre d'un perpétuel anathème, à moins qu'il ne vienne à résipiscence. Cette donation a été faite l'année de l'Incarnation du Seigneur 1073, le 2 des ides de janvier, en présence de témoins, au lieu même de Castres.

XIX. Arnaud II était abbé de Castres en 1085 et 1086.

XX. Géraud. 1087-1096-1099. — De son temps, la foudre tomba sur le monastère et y mit le feu. L'incendie se propagea rapidement, et la pluie qui tombait à torrents semblait lui donner un nouvel aliment. Les efforts des moines étaient vains, et tout eût été consumé; mais, en présence du corps du Christ qu'on porta sur le théâtre de l'incendie, les flammes tombèrent d'elles-mêmes.

XXI. Godefroy de Muret. 1110-1115. — Cet abbé voulut contraindre les pécheurs frappés d'anathème à se réconcilier dans le délai d'un an. Les récalcitrants étaient mis en prison. Il frappait ainsi, dit le chroniqueur, à la fois l'âme et le corps. Le peuple refusa de porter cette double chaîne. Cette prétention de l'abbé excita un grand conflit entre la cour ecclésiastique et la cour temporelle (*inter utrumque forum*).

XXII. Bégon. 1124, — figure comme témoin dans une vieille charte d'Ardorel.

XXIII. Réginald. 1124-1126. — Une nuit, un voleur nommé Dioscorius s'introduit dans l'église de

Saint-Benoît et fait main basse sur les objets précieux qui ornaient les autels. Lorsque, chargé de son butin sacrilège, il veut s'en aller, une hallucination s'empare de lui et il ne peut réussir à franchir la porte de l'église, qui était cependant grande ouverte. C'est en vain que dans son trouble il fait le tour de l'édifice ; il ne peut trouver d'issue pour s'enfuir. Au matin, l'abbé Réginald entre dans l'église ; il trouve le voleur couché sous un banc et à côté de lui les objets dérobés.

XXIV. Amelius Hugo était abbé en 1127.

XXV. Bernard. 1128. — Le vicomte Bernard-Aton, Cécile sa femme et leurs enfants firent un échange avec Bernard abbé et les religieux de Castres. Par cet acte ces derniers donnèrent au vicomte le village de Soual, à la réserve de l'église et des droits ecclésiastiques et reçurent en échange l'alleu (1) de Saïx.

« Voici la charte de l'échange et de la convention *(del escambis et de la convenanza)* que firent Bernard, abbé, et les moines de Castres, avec Bernard-Aton, vicomte, son épouse Cécile et leurs enfants Roger, Raymond et Bernard. — Bernard, abbé, et ses moines donnent et cèdent à Bernard, vicomte, à son épouse et à ses fils sus-dits le village de Sainte-Sigolène d'Assoal qui est un alleu de Saint-Benoît de Castres..... mais le même abbé et ses moines retiennent pour eux dans ce même village l'église de Sainte-Sigolène avec toutes les of-

(1) L'alleu était une possession libre de toute obligation féodale.

frandes, dîmes et prémisses ainsi que le cimetière. Ce village et cet alleu d'Assoal, qui est à saint Benoît, jamais le vicomte et ses fils ne le donneront (en dot) à aucune fille, ne le vendront ni l'engageront à aucun homme, excepté à saint Benoît. Dans ce même village, l'abbé retient près de l'église de Sainte-Sigolène une maison *(casal)* avec sa cour, pour le logement des moines et des clercs et, joignant cette maison, une autre maison où ils pourront vendre et acheter ce qu'ils voudront sans payer de *leude* (1) *(absque leida)*. Semblablement l'abbé aura dans le même village une autre maison avec un sol pour recueillir la dîme et un jardin..... A leur tour, le vicomte, son épouse Cécile et leurs enfants font abandon à Dieu, à saint Benoît et aux moines de Castres de tout ce qu'ils possèdent dans l'alleu de Saïx *(in omni allodio de Saïs)*, de telle sorte qu'ils n'aient plus en ce lieu aucune propriété, aucun droit seigneurial. Ils n'y feront ni *tollte*, (2) ni *quête*, (3) ni *albergue* (4) et leurs sergents n'y vexeront personne et n'y lèveront aucun impôt. Moi, Bernard-Aton, vicomte, mon épouse Cécile et nos enfants donnons et cédons le village de Saïx avec tout son alleu à Dieu tout-puissant, à ses saints et aux moines de Castres, de bonne foi, sans tromperie *(sine engan)*, sans aucune réserve de notre part. Ainsi Dieu nous aide. Sont témoins et approbateurs *(laudatores)* de cette convention, l'évêque de Carcassonne, G. de la Redorte, Bernard de Miraval,

(1) Leude, impôt sur les marchandises.
(2) Tollte, impôt arbitraire.
(3) Quête, impôt consenti.
(4) Albergue, redevances en nature.

Ugo de Paulin, Arnaud Pierre, Arnaud de Castres et toute la ville de Castres, moines et laïques. »

Ce document nous donne une idée du genre d'établissement que formaient les moines de saint Benoît auprès des églises qu'ils desservaient et dans les lieux où ils jouissaient des droits ecclésiastiques. Ainsi à Soual, ils avaient une maison pour le logement des clercs ou des moines ; à côté de cette maison, un magasin où ils vendaient ou échangeaient les denrées qu'ils avaient recueillies et enfin une maison ou grange accompagnée d'une aire dépicatoire, où l'on portait les gerbes de blé, produit de la dîme.

Par l'acte d'échange que nous venons de citer, l'abbaye de Castres complétait ses droits seigneuriaux sur la terre de Saïx. Elle y jouissait de privilèges qui, disaient les moines, lui avaient été accordés par Charlemagne et notamment du droit de pêche dans la rivière d'Agoût. Les gens auxquels elle donnait licence de pêcher dans cette rivière, dans l'étendue du territoire de Saïx, étaient tenus de présenter aux moines, à titre d'hommage, la tête jusqu'à la première tranche de tous les saumons qu'ils y prenaient, (*capita salmonorum usque ad primam darnam omnium qui in dicto flumine capiuntur.*)

Elle avait droit aussi à la troisième partie de tous les bois équarris, poutres et chevrons, qui étaient entraînés au cours de l'eau et capturés sur le rivage dans la juridiction de Saïx, (*tertiam partem fustarum sive lignorum quadratorum, quæ arrivant et capiuntur in dicto flumine et in riperiis ejusdem.*) (1)

(1) Archives de Castres.

Mais reprenons la série des abbés de Castres.

XXVI. Pierre I était, vers 1139, à la tête du monastère de Castres. C'était un abbé véritablement pieux. Il fit un pacte d'amitié et d'association (*iniit societatem*) avec Roger I, abbé de Dalon, en Limousin. Nous donnons ce document qui nous paraît mériter d'être connu :

« Charte de société entre les abbés de Castres et de Dalon, dans laquelle leur piété et leur charité brille d'une manière admirable.

« Moi, Pierre, abbé de Castres, et moi, Roger, abbé de Dalon, serviteurs inutiles du véritable et souverain père de famille, ordonnons par le présent écrit à nos frères présents et futurs de conserver entre eux la paix et la charité et de se montrer par là de vrais disciples du Christ. Car s'il a plu à Dieu, notre sauveur, de les rapprocher par le voisinage des lieux, il lui sera bien plus agréable encore de les voir unis par la concorde des âmes et par les liens d'une charité mutuelle. Que les religieux de l'un et de l'autre monastère se traitent entre eux non pas comme hôtes et étrangers, mais comme frères et enfants de la même maison........ Lorsqu'un billet de part (*breve*) viendra de l'une des deux congrégations, il sera lu dans le chapitre de l'autre, et l'office divin sera célébré pendant sept jours, suivant la coutume, pour le frère défunt..... En vertu de notre autorité paternelle, nous ordonnons que ces prescriptions soient observées maintenant et toujours... » Pour sceller cette union de prières, les deux monastères firent un échange de certaines terres ; c'est ainsi que l'abbaye de Dalon céda à celle de Castres la terre de Puech-Auriol (*de Po-*

dio Auriolo). Mais nous ne pouvons dire si c'est du lieu de ce nom, voisin de Castres, qu'il s'agissait.

Les billets de part (*brevia*), dont nous venons de parler, étaient rédigés de la manière suivante: « *Prima Augusti obiit in monasterio S. Benedicti de Castris Dominus N, monachus et sacerdos ejusdem monasterii, pro cujus animâ vestras precamur orationes ex charitate et orabimus pro vestris.* » Le premier août est mort au monastère de St-Benoît de Castres Dom N, moine et prêtre de ce même monastère. Nous demandons à votre charité des prières pour le repos de son âme ; et nous, nous prierons pour les vôtres. On donnait lecture de ce *breve* aux moines réunis en chapitre. Puis le président du chapitre disait : Que son âme et celle de tous les fidèles défunts reposent en paix (*anima ejus et animæ omnium fidelium defunctorum requiescant in pace*;) et tous les moines répondaient : *Amen.*

XXVII. Roger. 1141. 1154. 1164. — « En l'an 1154, Louis VII, dit le Jeune, alla de Toulouse à Castres pour honorer les reliques de saint Vincent, martyr. Durant son voyage, il arriva un funeste accident. Le seigneur de Capendu (*canis suspensus*), chevalier de mérite du diocèse de Carcassonne que le roi honorait de sa bienveillance, fut poursuivi et assassiné cruellement par trois de ses ennemis devant la maison où ce prince était logé. On s'employa aussitôt auprès de lui pour obtenir la grâce des meurtriers. Louis l'accorda enfin, à condition qu'ils expieraient leur crime par la pénitence et qu'ils prendraient l'habit monastique dans l'abbaye de Castres. » (1)

XXVIII. Rigaud II donne le voile à Bermunde en 1164. Cet abbé vivait encore en 1173.

XXIX. Guilabert fut envoyé en ambassade par Raymond VI, comte de Toulouse, auprès de Richard, roi d'Angleterre, pour lui faire des propositions de paix. Celui-ci les accepta. Le comte épousa Jeanne, sœur de ce roi, qui lui apporta en dot les villes d'Agen et de Cahors. Guilabert avait été élu abbé en 1176.

XXX. Pierre II Isarn, cité en 1190 et 1208. Il mourut en 1211.

XXXI. Guillaume I. — En l'année 1215, cet abbé cède sur sa demande, à Louis, fils de Philippe-Auguste, roi de France, une partie des reliques de saint Vincent. La lettre par laquelle il fait cette cession se trouve à l'appendice du livre d'Aimoin le moine sur la translation des reliques de saint Vincent. En voici la teneur :

« Guillaume, abbé de Castres, et toute la communauté de ses frères aux fidèles du Christ, qui verront ces lettres, salut éternel dans le Seigneur et digne rémunération de leurs bonnes œuvres.

« Considérant la constante dévotion et l'affection pieuse du noble seigneur Louis, fils de l'illustre roi de France Philippe, qui le portent à demander des reliques du très glorieux Vincent, lévite et martyr, qui a souffert sous Dacien (*sub Daciano præside*) à Valence, ville d'Espagne, nous avons donné à sa

(1) Dom Vaissète.

demande un facile assentiment et, voulant satisfaire des vœux qui ne s'écartent pas de la juste raison, nous lui avons fait présent librement et gratuitement d'une certaine partie de la mâchoire du très précieux martyr. Nous avons agi ainsi, à cause de l'honneur et de la révérence qui sont dus à une si juste demande ainsi qu'à la dignité et majesté royales.

« Donné à Castres (*apud Castras*) où le corps du saint martyr est conservé, le dimanche dans l'octave de l'Ascension du Seigneur, l'an de l'Incarnation 1215, régnant seigneur Philippe, illustre roi des Français. »

A cette lettre étaient appendus les sceaux de l'abbé et du couvent. Le premier portait pour exergue : *Sigillum abbatis Castrensis*. Le second représentait la tête de saint Vincent entourée de cette inscription : *Sigillum S. Benedicti Castris*.

Le don précieux fait par Guillaume au roi de France fut déposé dans l'église de St-Germain-des-Prés de Paris et conservé dans un magnifique reliquaire. Guillaume fit partie en 1226 d'une ambassade auprès du roi Louis VIII, pour lui faire serment, au nom de la ville de Castres, de fidélité et d'obéissance et lui faire hommage des droits seigneuriaux que les vicomtes de Béziers avaient sur cette ville et dont ils avaient été dépossédés naguère par Simon de Montfort. Les autres députés étaient Guillaume Pierre, évêque d'Albi, et l'archevêque de Narbonne.

XXXII. Adhémar reçoit à Rome en 1230, dans la basilique de saint Nicolas-Hospitalier, la bénédiction solennelle de Hugo, archevêque d'Arles, en présence d'Elie, abbé de Cluzes, d'Elie, abbé d'Uschia et de beaucoup d'autres. Adhémar fit des accords en 1231 avec Durand, évêque d'Albi, sous l'arbitrage et la médiation de Simon, archevêque de Bourges.

XXXIII. Audouin, mort le 13 juillet 1236.

XXXIV. Helzéard de Cesserac, religieux profès de St-Victor de Marseille, docteur en décrets, fut élu abbé de Castres en 1236.

XXXV. Guillaume II, surnommé Auger. — Trencavel, ayant été obligé de céder au roi de France les vicomtés de Béziers et de Carcassonne, vint à Castres pour y renoncer publiquement au domaine qu'il avait sur les chevaliers et habitants du château de Lombers. Cette renonciation fut faite dans le cimetière de St-Benoît et de St-Vincent, en présence du peuple assemblé. L'abbé Guillaume signa comme témoin l'acte qui en fut dressé. En 1258, il fit un pacte de fraternité avec Bermond abbé et le couvent de St-Tibéry. Cette même année, il donna aux frères prêcheurs l'église de St-Vincent. C'est à cause de cette donation qu'il reçut, dit-on, le surnom d'Auger (bienfaiteur, du latin *augere*).

XXXVI. Raimond I Bérenger, élu en janvier 1260 ; cité en 1268 et 1270.

XXXVII. Guillaume III donna, en 1275, des reliques de saint Vincent au prieur Aymeric et à quatre chanoines de St-Vincent de Cantella.

XXXVIII. Raymond II Bérenger — 1280.

XXXIX. Alziard, cité en 1286, 1297 et 1300.

XL. Bertrand II Bérenger fait un accord avec

Gérard, évêque d'Albi, en 1312. Il siégeait encore comme abbé, lorsqu'en 1317 le pape Jean XXII érigea l'église de Castres en cathédrale. Bertrand résista à cette érection. Cependant, menacé d'une prison perpétuelle, il finit par donner son consentement. Le conflit qui s'était élevé entre lui et Dieudonné, premier évêque de Castres, fut réglé à l'amiable. Bertrand retint le titre d'abbé et une rente annuelle de treize cents livres fut stipulée en sa faveur.

Telle fut la fin de l'abbaye de Castres ; elle avait duré six cent soixante-dix ans. Les moines de saint Benoit furent les fondateurs de la ville de Castres. Ils initièrent ses premiers habitants à l'exercice des métiers et des arts utiles et, pendant qu'ils couvraient d'une protection efficace leurs personnes et leurs biens contre les entreprises de la force brutale, ils formèrent leurs âmes à la pratique des vertus chrétiennes. (*)

A côté des moines de Castres, ceux d'Ardorel remplirent auprès des habitants de la Montagne-Noire une mission analogue de progrès et de civilisation.

Le monastère d'Ardorel était situé non loin de Boissezon, au milieu des bois et sur une des dernières déclivités de la montagne. Il tirait son origine de l'abbaye de Caduin et fut fondé avant que cette abbaye se fut réunie à l'ordre de Citeaux ; ce qui fit que les moines d'Ardorel commencèrent par suivre la règle de saint Benoit. Cécile, vicomtesse de Bé-

---

(*) Voir la note III.

ziers, le vicomte Bernard Aton, son mari, et Roger, leur fils, sont considérés comme les principaux bienfaiteurs de l'abbaye d'Ardorel. Par leur entremise, Pierre Raymond, Guilhem, Raymond Bonhomme et Guillabert donnèrent, en 1124, à Elie, abbé de Caduin, une partie de la forêt d'Ardorel pour y établir un monastère. Cette forêt était située dans la paroisse de sainte Marie de Sanguinou. (*Sanctæ Mariæ Sanguinorensis*).

Le premier abbé d'Ardorel fut Fulco, moine de Caduin. Lui et ses frères tinrent de la libéralité de Bernard. Aton la terre de Cambounés. Mais, étant troublés dans la paisible possession de cette terre par un certain Guilhem de Peyrola qui la leur disputait, paraît-il, non sans quelque droit, ils y renoncèrent. Alors le vicomte Roger, fils de Bernard Aton, leur donna en remplacement celle de Villeneuve. Cette donation fut faite en 1139 à Burlats, en présence de dame Cécile, vicomtesse, mère de Roger.

La pieuse Cécile voulut être enterrée à Ardorel. On lisait sur son tombeau l'inscription suivante :

« Que celui qui l'ignore apprenne que Cécile, vraie » femme forte, repose dans ce tombeau. Elle a bâti » ce monastère. Les bois, les champs qui l'entourent » elle les a donnés aux religieux. C'est pourquoi » prions tous pour la défunte qui nous a comblés de » tant de biens.

» O pieux Jésus, notre roi, par le sang de vos cinq » plaies, donnez le repos auprès de vous à ceux qui » reposent ici et en tous lieux. Amen. »

PRIONS

« Seigneur, en votre miséricorde, ayez pitié de l'â-
» me de votre servante, afin que, délivrée des souil-
» lures de la terre, elle ait part au bonheur éternel.
» Qu'elle repose en paix. Amen. »

CHAPITRE IV

Première Croisade. —Pierre Raimond d'Hautpoul

1095 — 1098

Les faits principaux de la première croisade sont présents à la mémoire de tous ; aussi nous ne les rappellerons que pour mettre en lumière la part de gloire qui revient à notre pays dans cette mémorable entreprise.

La croisade fut prêchée par le pape Urbain II au concile de Clermont, le 18 novembre 1095. Une multitude immense couvrait la plaine qui entoure Clermont. Elle répondit à la parole enflammée du Pontife par le cri de : « Dieu le veut ! Dieu le veut ! » qui devint la devise et le cri de guerre des croisés.

Le premier prince qui prit la croix fut le puissant comte de Toulouse. Raimond était alors à l'apogée de sa puissance ; de simple comte de saint Gilles, il était devenu marquis de Provence, comte de Rouergue, comte d'Albi et enfin comte de Toulouse et de Querci, en 1093, à la mort de son frère aîné le comte Guilhem. Arrivé à un âge où l'on ne pense plus qu'à jouir du repos, il n'hésita pas à partir sans espoir de retour, pour la conquête du saint sépulcre. (1) C'était, dit l'historien Guillaume de Tyr, un homme religieux, craignant Dieu et recommandable en tout... Sa constance mérite surtout d'être

---

(1) H. Martin.

admirée, car après avoir entrepris le saint pèlerinage pour l'amour de Jésus-Christ, il ne dédaigna pas de le continuer avec patience jusqu'à son dernier soupir (1).

Les croisés formèrent trois grandes armées. Celle du nord était commandée par Godefroi de Bouillon. Le duc de Normandie, le comte de Chartres étaient à la tête de celle du centre. Enfin les méridionaux ou gens de la langue d'oc marchaient sous les ordres du comte Raimond de Toulouse et d'Adhémar, évêque du Puy, légat du Pape. Parmi les chevaliers de l'armée de Raimond, brillait au premier rang Pierre Raimond d'Hautpoul. Il était originaire du lieu d'Hautpoul, situé au-dessus de Mazamet et où les ruines de son château ont subsisté pendant longtemps ; mais il n'en reste plus aujourd'hui aucune trace.

Les trois armées prirent des routes différentes et se trouvèrent réunies pour la première fois sous les murs de Nicée. Là, les chefs firent le dénombrement de leurs bataillons et ils reconnurent qu'ils avaient avec eux six cent mille combattants.

Après la prise de Nicée, les croisés allèrent mettre le siège devant Antioche. Ce siège dura de huit à neuf mois. La ville se défendit avec beaucoup d'opiniâtreté ; aux attaques des chrétiens répondaient des sorties furieuses, où les Turcs eurent plus d'une fois l'avantage.

Les croisés avaient construit un fort à l'entrée d'un pont de pierre par où les assiégés faisaient leurs sorties. La défense de ce fort fut confiée au

---

(1) Dom Vaissète.

comte Raimond qui y mit cinq cents hommes des plus courageux de ses troupes. Parmi les chevaliers qui commandaient cette vaillante élite, se trouvait Pierre Raimond d'Hautpoul, lequel dans une sortie, fit prisonnier de sa main un des principaux émirs de la garnison. Cependant les croisés s'emparèrent d'Antioche ; mais les Turcs étaient demeurés maîtres de la citadelle qui était très forte. Le Soudan de Perse envoya au secours de ces derniers une armée innombrable de musulmans, commandée par le général Corbaghan.

Les chrétiens furent à leur tour assiégés et se virent réduits par le manque de vivres à la plus grande détresse. Ils auraient infailliblement succombé, si un évènement extraordinaire n'était venu ranimer leur courage. Un prêtre provençal, nommé Pierre Barthélemy vint trouver le comte Raimond, l'évêque du Puy et Pierre Raimond d'Hautpoul et les assura qu'une révélation lui avait ordonné de les assembler tous trois et de leur déclarer que le fer de la lance, qui avait percé le flanc de Notre-Seigneur, était enfoui dans un endroit de l'église de Saint Pierre d'Antioche qu'il désigna. On alla au lieu indiqué, on fouilla la terre et on trouva en effet un fer de lance. Toute l'armée, ranimée par ce fait miraculeux, se montra pleine d'ardeur et d'enthousiasme. Les croisés jurèrent tous de ne se séparer qu'après avoir délivré le saint Sépulcre des mains des infidèles. Le 28 juin 1098, ils sortirent d'Antioche, formés en douze colonnes, en l'honneur des douze apôtres et, précédés de la sainte lance qui était devenue leur étendard, ils tombèrent sur l'armée de Corbaghan qu'ils culbutèrent et taillèrent en pièces.

Après avoir remporté cette grande victoire et contraint la citadelle à capituler, les croisés voulurent jouir à Antioche d'un repos chèrement acheté. Mais le séjour de cette ville leur devint fatal. Ils eurent beaucoup à souffrir d'une épidémie meurtrière qui s'y déclara. C'est alors que mourut Pierre Raimond d'Hautpoul. Il fut inhumé devant la porte de l'église de Saint-Pierre.

Cette même année 1098, Pierre Raimond d'Hautpoul et son frère Arnaud avaient restitué à l'abbaye de Caunes l'église de Saint-Amans de Valtoret qu'ils détenaient injustement. Cette restitution est constatée par l'acte suivant :

« Au nom de Dieu, moi Pierre Raimond d'Hautpoul et Arnaud, mon frère, rendons et donnons à Dieu, aux bienheureux apôtres Pierre et Paul, à Isarn, abbé, et aux moines présents et futurs de l'abbaye de Caunes, l'église de saint-Amans, confesseur, avec tous ses droits ecclésiastiques, laquelle église est située dans l'Albigeois et sur la rivière du Thoré. Cette donation ou restitution a été faite l'an de l'Incarnation du Christ 1098, régnant le roi Philippe. »

C'est un des nombreux exemples des actes de justice et de réparation que suscita le mouvement religieux de la croisade.

Quelques années après, Raimond de Sémalens, le jour même de son départ pour Jérusalem (*in die quo Ierosalymam perrexit*), donna à Pierre, abbé de Sorèze, une albergue de trois chevaliers et d'un sergent qu'un des moines de l'abbaye était tenu de lui faire. (1) Il fit également abandon en faveur de cette abbaye de tout ce qu'il possédait justement ou injustement (*seu justè seu injustè*). De leur côté, l'abbé et les moines lui donnèrent cinquante sous melgoriens pour servir aux frais de son pélerinage.

---

(1) Cela veut dire que le moine dont il est ici question était tenu d'*héberger* pendant un temps déterminé trois chevaliers et un sergent du château de Sémalens.

CHAPITRE V

Croisade contre les Albigeois. — Mœurs de la France Méridionale. — Les Troubadours.

1147—1226

I

L'hérésie dite des Albigeois avait fait, vers le milieu du 12ᵐᵉ siècle, de très grands progrès dans la province de Languedoc. La licence des mœurs, les désordres de toute nature inhérents au régime féodal, les usurpations incessantes des seigneurs sur les églises avaient préparé un terrain favorable à son développement. Le clergé était tombé en grande déconsidération et « les fonctions sacerdotales inspiraient aux laïques un tel dédain qu'elles donnaient lieu à une nouvelle manière de parler et qu'au lieu de dire : « j'aimerais mieux être juif, » on disait : « j'aimerais mieux être chapelain que de faire ceci ou cela. » Les clercs, lorsqu'ils se montraient en public, cachaient leurs petites tonsures, en ramenant vers le front les cheveux de derrière la tête. (1)

Contre de tels désordres l'Eglise usa d'abord du remède de la prédication. Saint Bernard vint, en 1147, faire entendre sa parole éloquente à Toulouse, à Albi et dans beaucoup d'autres localités. Mais le bien qu'il produisit par sa prédication et ses mira-

---

(1) Chronique de Guillaume de Puylaurens.

cles ne fut que passager et le peuple retomba bientôt dans des erreurs, qui étaient favorisées par les grands et partagées par un grand nombre d'ecclésiastiques.

En 1165, un concile se réunit à Lombers en Albigeois, sous la présidence de Guillaume, évêque d'Albi. Parmi les ecclésiastiques qui y assistaient, se trouvaient Roger, abbé de Castres, et Pierre, abbé d'Ardorel ; parmi les seigneurs laïques : Constance, sœur du roi Louis-le-Jeune et femme de Raimond V, comte de Toulouse, Raimond Trencavel, vicomte d'Albi, Béziers et Carcassonne, Sicard, vicomte de Lautrec et Izarn de Dourgne. Raimond Trencavel, qui assistait à ce concile, fut assassiné deux ans plus tard, le 15 octobre 1167, dans l'église de la Madelaine de Béziers, au milieu d'une révolte des bourgeois de cette ville. Roger, son fils, lui succéda dans ses domaines dont Castres faisait partie. Il se maria, en 1171, avec Adélaïde, fille du comte Raimond de Toulouse et de Constance de France.

Adélaïde était née au château de Burlats, à une lieue et demie de Castres. Cette agréable résidence fut son séjour de prédilection ; aussi Adélaïde est-elle fréquemment désignée par ses contemporains sous le nom de la Dame ou de la Comtesse de Burlats.

Malgré la condamnation des hérétiques au concile de Lombers, l'erreur se perpétua dans la province ; ce qui détermina le pape Alexandre III à y envoyer comme légat le cardinal de St Chrysogone (1177). Le légat était accompagné de Guérin, archevêque de Bourges, de Réginald, évêque de Bath en Angleterre, et de Henri, abbé de Clairvaux. Ces prélats se rendirent d'abord à Toulouse. L'année suivante (1178), l'abbé de Clairvaux et l'évêque de Bath furent chargés d'une mission en Albigeois. « Il s'agissait d'exhorter Roger de Béziers, prince du pays, à rendre la liberté à l'évêque d'Albi qu'il avait mis en prison sous la garde des hérétiques et de lui enjoindre de chasser ces sectaires de ses domaines.

« L'abbé de Clairvaux et l'évêque de Bath, suivis du vicomte de Turenne et de Raimond de Castelnau qui leur prêtaient main forte, se rendirent en effet en Albigeois, où l'hérésie avait son principal siège.

« Roger, informé de leur approche, se retira à l'extrémité du pays dans des lieux inaccessibles, de peur d'être obligé d'entrer en conférence avec eux et de succomber. Les deux prélats arrivèrent cependant à Castres, une des plus fortes places du pays, où la femme de Roger avait établi sa demeure avec ses domestiques et un corps de troupes. Quoique tous les habitants de cette ville et des environs eussent embrassé l'hérésie ou lui fussent favorables, ils n'osèrent pas toutefois contredire les deux missionnaires, qui combattirent publiquement leurs erreurs et déclarèrent Roger, traître, hérétique et parjure pour avoir violé la sûreté qu'il avait promise à l'évêque d'Albi. Ces prélats excommunièrent ensuite ce vicomte et le défièrent au nom de Jésus-Christ, de la part du pape et du roi de France ; c'est-à-dire qu'ils lui déclarèrent la guerre. » (1)

(1) Dom Vaissète.

Les hérétiques albigeois furent de nouveau anathématisés au concile de Latran en 1179. On les désignait sous les noms de Cathares et de Patarins. Le mot de Patarin est resté dans la langue du pays comme terme injurieux ; il s'applique aux personnes dont les mœurs sont irrégulières.

Henri, abbé de Clairvaux, devenu évêque d'Albano et cardinal, fut envoyé comme légat dans la province en 1180. Les hérétiques s'y étaient fortifiés sous la protection du vicomte Roger.

« Le cardinal Henri persuada par la force de son éloquence à un grand nombre de catholiques de prendre les armes et de le suivre. Il en forma un petit corps d'armée et alla mettre le siège devant Lavaur, l'une des principales places du vicomte Roger. Le cardinal, après avoir investi ce château, l'attaqua vivement. Les assiégés, de leur côté, s'opposèrent à ses efforts avec beaucoup de vigueur. Mais enfin Adélaïde de Toulouse, femme du vicomte, qui s'était enfermée dans cette place, fut obligée de la livrer au prélat. A la suite de cette expédition, le vicomte Roger se soumit et promit avec les principaux du pays de renoncer entièrement à l'erreur. Henri l'obligea en même temps de lui remettre les hérétiques qui étaient à Lavaur. A la tête de ces derniers se trouvaient Raimond de Baimiac et Bernard Raimondi qui se convertirent et embrassèrent la profession religieuse comme chanoines réguliers. » (1)

Certains auteurs veulent que ces deux chefs des hérétiques soient nés à Castres. Nous n'avons rien

(1) Dom Vaissète.

trouvé dans les documents originaux qui puisse justifier cette assertion.

Raimond-Roger, fils du vicomte Roger, naquit vers Pâques de l'année 1185. Roger se rendit au mois de juillet suivant à Lacaune ; et là, étant dans le cimetière de Sainte-Marie, il confirma avec la vicomtesse sa femme toutes les donations que leurs ancêtres avaient faites en faveur de l'église de Beaumont-en-Rouergue. Au mois de février de l'année suivante, il permit de bâtir le château d'Escoussens.

Roger mourut à l'âge de cinquante ans, le 20 mars 1194, laissant pour héritier universel Raimond-Roger, sous la tutelle de Bertrand de Saïssac.

Raimond-Roger resta en tutelle, jusqu'à ce qu'il eût quatorze ans accomplis : ce qui arriva à Pâques de l'année 1199. Adélaïde de Burlats, sa mère, mourut le 20 décembre de la même année.

Adélaïde fut célèbre par sa beauté, par l'élégance de sa vie, par les belles fêtes qu'elle donnait dans son château de Burlats, par la protection qu'elle accorda aux troubadours. Elle se montra capable d'énergie au milieu des difficultés que l'hérésie des Albigeois, dont son mari et elle avaient adopté les croyances, leur suscita. Elle fit preuve d'un grand courage en se jetant dans Lavaur pour défendre cette place contre les troupes du cardinal Henri.

Malgré ses brillantes qualités, Adélaïde ne sut pas se concilier la confiance de son mari ; celui-ci, par son testament, prit soin de l'exclure de la tutelle de leur fils unique, Raimond-Roger.

II

Le comte Raymond VI, fils aîné et successeur de Raimond V, prit possession de la ville et du comté de Toulouse au mois de janvier 1195. Ce prince était très débordé dans ses mœurs ; il divorçait et se remariait à sa fantaisie et eut à la fois jusqu'à trois femmes vivantes : la sœur du vicomte de Béziers, la fille du roi de Chypre et la sœur du roi Richard d'Angleterre. Celle-ci étant morte, il épousa la sœur du roi d'Aragon. Ces deux dernières étaient ses cousines à des degrés prohibés. On l'accusait en outre d'inceste avec sa sœur et d'avoir dès son enfance recherché les concubines de son père. (1)

Le comte Raimond était très attaché à la secte des hérétiques. (*) Un jour, étant dans une église où la messe était célébrée, il fit parodier et contrefaire le prêtre officiant par son bouffon. Une autre fois, il dit qu'il aimerait mieux ressembler à un certain hérétique de Castres, auquel on avait tranché les membres et qui vivait dans un état misérable que d'être empereur et roi. En dépit des prescriptions de l'Eglise relatives à l'observation de la paix, il entretenait des troupes de pillards et de routiers, à l'aide desquels il dépouillait les églises, détruisait les monastères et dépossédait tous ceux de ses voisins qu'il pouvait. Cette conduite devait attirer sur notre pays les plus affreux malheurs.

Pour arrêter les progrès de l'hérésie, l'Eglise avait encore recours au zèle de ses légats, à l'éloquence et aux vertus apostoliques de ses prédicateurs. C'est

---

(1) Henri Martin.

(*) Voir la note IV.

ainsi qu'en 1203, le pape Innocent III envoya dans le midi de la France le légat Pierre de Castelnau, auquel se joignirent bientôt Diègue, évêque d'Osma, et saint Dominique.

Dans le camp opposé, le propagateur le plus en vue de l'hérésie était Guillabert de Castres. Ce prédicant résidait à Fanjeaux et tenait dans ce lieu des assemblées publiques où se rendait la principale noblesse des environs. Dans une de ces assemblées qu'il tint vers l'an 1204, Guillabert associa à sa secte Esclarmonde, sœur du comte de Foix, et Faïs, mère de Sicard de Durfort. (*)

En 1207, Guillabert de Castres et plusieurs autres chefs des hérétiques eurent, au château de Montréal, avec saint Dominique une conférence qui dura quinze jours. On raconte que saint Dominique, ayant rédigé par écrit les arguments, qu'il avait employés dans le cours de la discussion et les ayant donnés à un hérétique pour les examiner, celui-ci les jeta par trois fois au feu en présence de ceux de sa secte, et que trois fois le papier ressauta hors du feu sans être brûlé.

L'orage qui grondait sourdement finit enfin par éclater. Le meurtre du légat Pierre de Castelnau détermina le pape Innocent III à lancer l'anathème contre le comte de Toulouse et à déchainer sur la France méridionale tous les fléaux d'une guerre de religion et de conquête (1208). Nous ne mentionnerons ces tristes évènements qu'autant qu'il sera nécessaire pour l'intelligence de notre récit.

Le 22 juillet 1209, la ville de Béziers fut prise et

(*) Voir la note V.

ses habitants massacrés. Peu de temps après Carcassonne se rendit. Le malheureux Raimond-Roger, fils d'Adélaïde de Burlats, qui s'était jeté dans cette place, fut retenu prisonnier et enfermé dans le donjon de Carcassonne où il ne tarda pas à mourir.

C'est alors que Simon de Montfort fut investi et mis en possession de la vicomté de Béziers et de Carcassonne, et prit la direction et le commandement de la croisade. Voici le portrait que nous trace de cet illustre guerrier le chroniqueur Pierre de Vaux-Cernay : « Il était de race illustre, d'un courage indomptable, et merveilleusement exercé dans les armes ; en outre, et pour parler de l'extérieur, il était d'une stature très élevée, remarquable par sa chevelure, d'une figure élégante, d'un bel aspect, haut d'épaules, large de poitrine, gracieux de corps, agile et ferme en tous ses mouvements..... Enfin, et pour parler de choses plus relevées, il était disert en paroles, affable et doux, d'un commerce aimable, ferme en ses desseins, prévoyant dans le conseil, plein de constance dans les affaires guerrières, ardent pour entreprendre, infatigable pour achever et tout dévoué au service de Dieu. »

La prise de Béziers et de Carcassonne détermina un grand nombre de villes et de châteaux à faire leur soumission. « Les bourgeois d'un très noble château qu'on appelle Castres, au territoire albigeois, vinrent vers le comte de Montfort, prêts à le recevoir pour maître et à faire suivant sa volonté. Le duc de Bourgogne (un des chefs des croisés) engagea le comte à s'y rendre et à recevoir la dite forteresse, parce qu'elle était comme la clef de tout le territoire albigeois. Le comte y alla donc avec un petit nombre des siens. Or il advint, pendant qu'il était à Castres et que les habitants lui rendaient hommage et lui livraient le château, qu'arrivèrent à lui des gens d'armes d'un certain autre château très noble, proche d'Albi, appelé Lombers, disposés à faire pour le comte comme avaient fait ceux de Castres ; mais le noble comte, désirant retourner à l'armée, ne voulut pas les suivre pour l'instant, et seulement prit leur ville sous sa protection, jusqu'à ce qu'il put y aller en temps plus opportun. » (1)

« Nous n'oublierons pas de rapporter un miracle qui advint dans le château de Castres en présence du comte. Comme on lui présenta deux hérétiques dont l'un était dit *parfait* dans sa secte, et l'autre était comme néophyte et disciple du premier, le comte, ayant tenu conseil, ordonna que tous deux seraient brûlés ; mais le second des deux, celui qui était disciple de l'autre, ayant le cœur touché intérieurement d'une vive douleur, commença à se convertir et promit qu'il abjurerait volontiers l'hérésie et obéirait en tout à la sainte Eglise romaine ; ce qu'ayant entendu, les gens du comte de Montfort entrèrent en grande altercation ; les uns disant que, puisque celui-ci voulait faire selon leur volonté, il ne devait être condamné à mort ; les autres au contraire soutenant qu'il méritait de mourir, tant parce qu'il était manifeste qu'il avait été hérétique, que parce qu'il était à croire qu'il promettait plutôt par la crainte pressante du bûcher, que par le désir de suivre la religion chrétienne. Le comte consentit

(1) Pierre de Vaux-Cernay. — Collection Guizot.

qu'il fût brûlé, dans l'idée que s'il était réellement converti, le feu lui serait en expiation de ses péchés et que, s'il avait menti, il souffrirait le talion pour sa perfidie. Ils furent donc liés tous les deux étroitement, leurs mains attachées derrière le dos. Cela fait, on demanda au disciple en quelle foi il entendait mourir ; il répondit : « J'abjure la méchanceté hérétique et veux mourir dans la foi de la sainte Eglise romaine, priant que cette flamme me serve de purgatoire. » Alors un grand feu fut allumé autour du pal et tandis que le *parfait* en hérésie fut consumé en un moment, les liens qui attachaient l'autre s'étant rompus, tout forts qu'ils étaient, il sortit du feu tellement intact, qu'il n'en resta sur lui aucune trace, si ce n'est que le bout de ses doigts était un peu brûlé. » (1)

Vers ce temps-là le comte prit possession d'Albi, de Lombers et de tout le diocèse d'Albi. Mais la soumission des habitants de cette contrée n'allait pas sans quelques tentatives de révolte, aussitôt que Simon de Montfort s'éloignait pour aller réduire d'autres places de son nouveau domaine. C'est ainsi que « les bourgeois de Castres, renonçant à l'amitié du comte, se saisirent d'un sien chevalier et de plusieurs sergents qu'il avait laissés pour la garde du château. Mais ils n'osèrent leur faire de mal, d'autant que quelques-uns des plus puissants de leur ville étaient retenus en otage à Carcassonne. Presqu'en même temps, les chevaliers de Lombers se révoltèrent contre le comte, mirent la main sur des sergents à lui, qui étaient dans le château et les

(1) Pierre de Vaux-Cernay.

envoyèrent à Castres pour être jetés en prison et chargés de fers. Les bourgeois de Castres les mirent dans une tour avec le chevalier et les sergents qu'ils avaient pris; mais tous, par une belle nuit, s'étant fabriqué une corde avec leurs vêtements et se laissant aller par une fenêtre, s'échappèrent avec l'aide de Dieu. » (1)

Simon de Montfort, s'étant emparé du château de Minerve, le 23 juillet 1210, et de celui de Termes, vers la fin de novembre, poussa vers un autre château appelé Puyvert, situé près de Sorèze, lequel lui ouvrit ses portes au bout de trois jours. Alors il se décida à rentrer dans le diocèse d'Albi pour recouvrer les places qui s'étaient soustraites à sa domination. En conséquence, il marcha sur Castres, dont les bourgeois lui firent leur soumission. Il passa de là au château de Lombers, qu'il trouva abandonné par les habitants et dans lequel il mit une garnison.

Lavaur fut pris le 3 mai 1211. Tous ses défenseurs furent tués par les croisés ; et la dame Guiraude, à qui ce lieu appartenait, fut jetée dans un puits et ensevelie sous des pierres.

Le comte de Montfort passa les fêtes de la Noël de cette année à Castres. Il y fut rejoint, à sa très grande joie, par son frère Gui qu'il n'avait pas revu depuis 1205. Gui de Montfort arrivait d'outre-mer, accompagné de sa femme et de ses enfants. Les deux frères étaient partis ensemble, lors de la croisade prêchée par Foulques de Neuilly. Mais lorsque le comte, après avoir pendant un an vaillamment

(1) Pierre de Vaux-Cernay. Collection Guizot.

combattu les infidèles, revint en France, Gui resta en Palestine, où il s'était marié avec Helvise d'Hybelin, dame de Sidon.

Simon de Montfort passa les fêtes de Pâques de l'année 1212 à Albi ; puis il vint à Castres et se décida à aller assiéger le château d'Hautpoul. Ce château était situé sur le sommet d'une colline, près de Mazamet, et environné de rochers qui formaient autour de lui un rempart presque infranchissable. Les chevaliers de Simon de Montfort furent accueillis par une sortie de la garnison ; mais ils repoussèrent l'ennemi et le contraignirent à se renfermer dans le château. Puis ils fixèrent leurs tentes d'un seul côté de la place, n'étant pas assez nombreux pour l'investir entièrement. Le troisième jour de leur arrivée, ils établirent une *perrière* (1) qu'ils firent jouer contre le château et, tournant la position, ils l'attaquèrent à revers et essayèrent de l'emporter d'assaut. Ils pénétrèrent dans le premier faubourg ; mais les assiégés firent pleuvoir sur eux du haut des murailles et des toits de grosses pierres et en même temps mirent le feu aux maisons ; ce qui contraignit les assaillants à se retirer, non sans de grandes pertes.

« Cependant la perrière battait incessamment la tour et, le quatrième jour après le commencement du siège, un brouillard très épais s'étant élevé après le coucher du soleil, les gens d'Hautpoul, saisis d'une terreur panique et prenant occasion d'un temps favorable à la fuite, délogèrent du château et commencèrent à jouer des jambes. Les assié-

(1) Perrière, machine employée dans les sièges pour lancer de gros quartiers de pierre.

geants s'en aperçoivent ; ils font irruption dans la place et tuent tout ce qui leur tombe sous la main. Le lendemain, le comte fit ruiner le château et y mettre le feu.» (1)

Les événements postérieurs de la guerre des Albigeois ne nous offrant que peu de chose qui se puisse rattacher à notre histoire locale, nous les passerons en revue rapidement.

En 1213, le comte de Montfort remporta près de Muret une victoire complète sur le roi Pierre d'Aragon. Ce prince périt dans la mêlée et son armée fut taillée en pièces.

Au concile de Latran (1215), le comte Raimond fut déclaré déchu de sa souveraineté et condamné à l'exil ; ses états furent adjugés à Montfort, sauf la Provence qui fut mise en réserve. Mais cette sentence ne fut pas ratifiée par les méridionaux, qui se soulevèrent de toutes parts. Toulouse ouvrit ses portes à son vieux comte et l'accueillit avec enthousiasme. Montfort accourut en toute hâte pour la réduire. Il l'assiégea pendant neuf mois ; mais tous ses efforts furent infructueux ; il fut repoussé dans tous les assauts et tué dans un dernier combat par une pierre qui l'atteignit à la tête (1218).

Ce fut là de la part des gens du midi un suprême effort pour recouvrer la liberté. Aussi, lorsqu'en 1226 le roi Louis VIII se mit contre eux à la tête d'un nouvelle croisade, ils n'étaient plus en état de soutenir la lutte et se hâtèrent de faire leur soumission.

La ville de Castres fut des premières à se ranger

(2) Pierre de Vaux-Cernay. Collection Guizot.

au parti de l'obéissance. Par un acte daté du 12 juin 1226 qu'ils envoyèrent au roi, « les consuls et habitants de Castres, tant *chevaliers que bourgeois*, déclarèrent qu'ils s'étaient rendus aux exhortations de Pierre, archevêque de Narbonne, de Guillaume, évêque d'Albi, et de Guillaume, abbé de Castres ; qu'ils avaient juré d'obéir aux ordres du légat dans toutes les choses pour lesquelles ils avaient été excommuniés ; qu'ils avaient livré les clefs de leur ville et du château au même abbé, qui les avait reçues au nom du roi, et qu'ils avaient cédé à ce prince tous les droits que le vicomte de Béziers y avait auparavant, le suppliant d'envoyer *un viguier* pour prendre possession de leur ville. » (1)

III

Lorsque Simon de Montfort marchait au secours de Muret assiégé par l'armée du roi Pierre d'Aragon, il rencontra à Bolbonne Dom Maurin, abbé de Pamiers, qui lui représenta les difficultés de son entreprise et qu'il aurait à se mesurer avec des forces bien supérieures en nombre à celles dont il disposait. Alors le comte tirant une lettre de son aumônière, la lui donna à lire. L'abbé vit que cette lettre, qui avait été interceptée, était adressée par le roi d'Aragon à une noble dame, épouse d'un gentilhomme du Toulousain : le roi disait à cette dame qu'il venait, pour l'amour d'elle seule, chasser les Français de son pays et lui débitait mille autres choses de ce genre « Eh bien, répliqua l'abbé après avoir lu, que voulez-vous dire par là ? » « Ce

(1) Dom Vaissète.

que je veux dire, s'écria Simon, c'est que je ne dois guère craindre un roi qui marche contre Dieu pour une femme perdue. » Cette réponse de Simon de Montfort établit un contraste saisissant entre les deux civilisations en lutte, entre la civilisation du nord, rude et croyante jusqu'au fanatisme, et celle du midi, élégante et raffinée, mais sceptique et sensuelle. Il n'était pas en effet difficile de prévoir de quel côté devait rester la victoire.

Les anecdotes suivantes sont de nature, sous leur apparente frivolité, à faire naître de semblables réflexions dans l'esprit du lecteur. Elles ont de plus le mérite d'appartenir à notre sujet.

Arnaud de Marvelh était un clerc de petite naissance originaire du château de Marvelh en Périgord. Comme son savoir ne pouvait lui donner à vivre, il se mit à courir le monde et le hasard le conduisit à la cour de la comtesse de Burlats, qui était fille du preux comte Raimond et femme du vicomte de Béziers. Or, Arnaud était bien de sa personne ; il savait trouver (faire les vers) et était bon chanteur et liseur de romans. La comtesse lui fit accueil. Arnaud ne tarda guère à tomber amoureux d'elle et à la prendre pour sujet de ses chansons ; mais il n'osait pas s'en avouer l'auteur et feignait qu'un autre les eût faites. Cependant il finit par lui découvrir sa passion dans la chanson qui commence par ces mots :

> Le doux accueil
> Que je ne puis oublier...

La comtesse ne le découragea pas ; elle entendit ses prières, le prit à gré et le combla de ses bienfaits. Mais le roi Alphonse d'Aragon était lui aussi amoureux de la dame de Burlats. Il s'aperçut bientôt qu'Arnaud ne lui était pas indifférent et qu'elle lui voulait du bien, ce qui excita sa jalousie. Il fit à ce sujet de si grands reproches à cette dame que celle-ci se resolut à donner congé à Arnaud, lui défendit de paraître en sa présence et de plus faire de chanson sur elle. Arnaud quitta la comtesse et sa cour comme un homme désespéré. Il s'en alla auprès de Guillaume de Montpellier, qui était son seigneur et son ami et demeura longtemps avec lui. Là il exhala ses plaintes dans la chanson qui dit :

Bien douces étaient mes pensées (1)

Nous ignorons quels furent les griefs qui déterminèrent le vicomte Roger à exclure sa femme de la tutelle de leur fils. On peut supposer, sans trop d'invraisemblance, que la dame de Burlats expia comme mère les torts qu'elle s'était donnés comme épouse.

Un autre troubadour, dont le souvenir se rattache à l'histoire de notre pays, fut Raimond de Miraval. (*) C'était un pauvre chevalier, sorti du château de Miraval, près de Carcassonne, qui grâce à ses talents devint le favori du comte Raimond de Toulouse. Ce Miraval eut de très grands succès auprès des dames ; mais, par compensation, elles lui occasionnèrent aussi beaucoup de désagréments. Il aima la belle Adélaïde, femme de Bernard de Boissezon, châtelain de Lombers en Albigeois, et

(1) De Rochegude. Parnasse Occitanien.

(*) Voir la note VI.

la mit en si grand renom par les vers où il célébrait ses mérites que maint haut baron en devint amoureux. Il l'avait tant vantée au roi Pierre d'Aragon que ce prince vint tout exprès à Lombers pour la voir. Miraval, qui était du voyage, le pria de s'employer à lui rendre la dame favorable. Mais au bout de peu de jours, il fut trop évident pour lui que le roi, oubliant ce rôle de négociateur dont il avait paru se charger, n'avait pensé qu'à lui-même. Miraval s'éloigna de Lombers, plein de tristesse et maudissant la perfidie d'Adélaïde de Boissezon et la félonie du roi. Or, il y avait à Castres une très belle dame, nommée Esmengarde, femme d'un vieux et riche gentilhomme (*Valvassor*). Cette dame, dans l'espoir d'être célébrée par le poète, feignit de partager ses peines et de vouloir le consoler. Miraval, séduit par les beaux semblants et par les douces paroles de la dame, commença à la louer et à célébrer dans ses chansons son mérite et sa beauté. Esmengarde, dit le chroniqueur, était de grand sens, savoir et courtoisie et savait se faire des amis. Olivier de Saïssac, un grand baron de la contrée, en était amoureux et la pressait de lui accorder sa main. Miraval, après avoir fait honneur à la dame par ses chants, prétendit à être récompensé ; mais Esmengarde se défendit de lui vouloir accorder rien que de légitime. Or, comme Miraval était marié, ce qu'il oubliait volontiers, elle lui dit, qu'avant de contracter une nouvelle union, il lui fallait se séparer de sa femme, qui avait nom Gaudaïrenca. Tout joyeux de la promesse que lui avait faite Esmengarde de le prendre pour mari, Miraval s'en alla à son château pour congédier sa femme et, comme celle-ci faisait aussi des vers, il prit prétexte de cela pour la quereller et lui dire qu'il y avait assez d'un troubadour dans une maison et qu'elle se préparât à revenir auprès de son père. Or, Gaudaïrenca aimait un chevalier nommé Guillem Brémon ; elle lui manda de venir et, du consentement de Miraval, se maria avec lui. Lorsque Miraval revint à Castres, pour y réclamer d'Esmengarde l'exécution de sa promesse, elle n'y était déjà plus ; elle était partie avec Olivier de Saïssac, qui l'avait conduite à son château, où ils s'étaient mariés et avaient fait de « grandes noces. » On peut comprendre le chagrin de Miraval ; il perdit toute joie et tout repos et « le chanter et le trouver, » et fut bien deux ans comme un homme éperdu. Maints chevaliers et troubadours se moquaient de ses aventures et en faisaient de bons contes. Mais enfin il trouva quelques consolations auprès d'une gentille dame qui avait nom Brunessen, femme de Roger de Cabaret, et qui était « désireuse de louange et d'honneur. » (1)

Par les détails qui précèdent et qui sont comme le tableau abrégé des mœurs de la société méridionale à cette époque, on peut comprendre que cette société n'ait pas donné beaucoup de prestige aux croyances nouvelles qu'elle favorisait. On peut comprendre aussi comment le terme de *Patarin*, qui n'était à l'origine qu'une dénomination de secte, a pu prendre et conserver, dans les idées et le langage populaires, la signification injurieuse dont nous avons parlé.

---

(1) De Rochegude. Parnasse Occitanien.

CHAPITRE VI

Privilèges et libertés de la ville de Castres.

I

En 1160, Raimond Trencavel, vicomte de Béziers, confirma les privilèges que les vicomtes Bernard Aton, son père, et Roger, son frère, avaient autrefois accordés aux *chevaliers* et *bourgeois* de Castres. Le titre de l'accord, qui intervint alors entre Trencavel et les bourgeois de Castres, est important et mérite d'être reproduit au moins dans ses parties principales.

« L'an de l'Incarnation du Seigneur 1160. Qu'il soit connu de tous que les chevaliers et bourgeois de Castres ont fait un accord avec le seigneur Raimond Trencavel au sujet de l'affranchissement que Bernard Aton, son père, Cécile, sa mère, et Roger son frère, donnèrent à eux et à la sus-dite ville..... L'affranchissement que je leur donne et reconnais est tel que moi, Raimond Trencavel, je ne dois faire *tollte* ni *quête* à aucun homme ou femme résidant en cette ville. Mais je retiens dans cette ville et sur les hommes qui y habitent mes *chevauchées*, qu'ils doivent me faire dans l'Albigeois et dans le Toulousain. Pour les autres lieux, je ne dois les contraindre à me faire chevauchée, à moins que je ne veuille y combattre en personne. Je retiens mes réquisitions (*manlevantias*) pendant un mois, tandis que je ferai séjour dans la ville de Castres ;

et, à la fin du mois, mes baïles en payeront le montant. Je retiens aussi mes justices que mon père y a conservées après cet affranchissement. En retour de ces franchises, ces mêmes bourgeois devront employer, chaque année, trois cents sous melgoriens à la clôture de leur ville. »

La signification de cet affranchissement est que le vicomte renonce à la levée pour son compte de contributions consenties ou arbitraires *(quête et tollte)*, qu'il reste haut justicier et chef militaire de la ville et que les bourgeois ont le droit de s'administrer eux-mêmes, à la condition de fournir un contingent de milice aux expéditions *(chevauchées)* de leur seigneur, et d'employer, tous les ans, une certaine somme à la construction ou aux réparations de leurs murailles. Cet acte établit la distinction entre le pouvoir seigneurial et le pouvoir municipal et fixe les attributions respectives dans lesquelles ils doivent se renfermer.

Peut-être même ce partage d'attributions était-il en usage à Castres bien longtemps avant d'être sanctionné par des titres authentiques; car, suivant Borel, le livre des obits de l'église Saint-Benoit faisait mention de Jean Génibrouse, habitant de Castres, mort en 920 et qui avait été trois fois *consul*, c'est-à-dire un des chefs de l'administration municipale.

Quoi qu'il en soit, lorsqu'en 1226, la ville de Castres se soumit au roi Louis VIII, cette soumission se fit au nom des *consuls* et des habitants.

La création en 1229 de la seigneurie de Castres par le roi Louis IX, en faveur de Philippe de Montfort, fils de Gui et neveu de Simon, et, plus tard, l'érection de cette seigneurie en comté n'arrêtèrent pas le développement de nos institutions municipales. Nos aïeux surent obtenir de leurs seigneurs et comtes de nouveaux privilèges et jouir d'une existence communale, qui ne manquait ni d'indépendance, ni de dignité.

Le comté de Castres comprenait la partie de l'Albigeois située à la gauche du Tarn, excepté la ville d'Albi. Les résidences du comte étaient la Tour-Caudière à Castres, le château de Roquecourbe et celui de Lombers. Sa cour se composait d'un sénéchal, d'un juge, d'un procureur et d'un baïle ou trésorier.

Le tribunal du comte connaissait des causes criminelles. L'exercice de cette justice était rude, ainsi que le comportaient les mœurs du temps ; pourtant les justiciables n'étaient pas dépourvus de toute garantie, ainsi : la condamnation à une peine corporelle ou à la mort ne pouvait entraîner la confiscation des biens meubles et immeubles du condamné, excepté pour les crimes d'hérésie et de lèse-majesté. Les prévenus étaient mis en liberté sous caution suffisante, à moins que le crime dont ils étaient accusés ne fût très grave.

Les frais d'emprisonnement n'étaient à la charge du détenu que s'il était déclaré coupable ; et dans ce cas même on ne pouvait exiger de lui plus de douze deniers tournois.

L'adultère était puni de la manière suivante : l'homme et la femme étaient promenés par la ville et fustigés, l'homme ne portant que ses braies et la femme sa chemise attachée autour des reins. Toutefois les coupables pouvaient se racheter de cette peine en payant au comte soixante sous tournois.

Le comte recevait de la ville une rente annuelle de 91 livres, qui lui était payée à la Toussaint (*martror*) et qui était désignée sous le nom de quête du seigneur (*quista del senhor*). Cette rente était une sorte d'abonnement contracté par la ville et destiné à tenir lieu des droits de leude et péage dus au comte sur les marchandises achetées ou vendues dans le consulat et pour le passage de ces mêmes marchandises sur le *pont d'Agoût*. Tous les habitants du consulat qui, pour leurs biens immeubles contribuaient à la quête du Seigneur, étaient dispensés du paiement de ces droits ; les autres et les étrangers y étaient astreints. Le baïle était l'agent du comte pour la perception de ces redevances et, comme garantie de son intégrité, il prêtait serment aux consuls et à la cour du comte de faire dûment son office et de n'accepter, lui, sa femme et sa famille aucun don, excepté à boire et à manger, et encore dans des conditions de réserve et de discrétion telles que sa probité fût à l'abri de tout soupçon (*prœter esculentum et potulentum quod intra proximos dies prodigatur*).

II

Les affaires de la ville étaient gérées par quatre consuls et vingt-quatre conseillers, lesquels étaient élus par leurs prédécesseurs, le 31 décembre de chaque année. Les consuls et le conseil élisaient par bulletins (*baylan cartels*) vingt-huit personnes, destinées à les remplacer dans l'administration de la ville pour l'année suivante, à raison de quatre noms pour chacun des quartiers ou gaches. Il y avait sept gaches, savoir : Bonafos, Fossats, Ramon de Castres, Ramon Isarn, Gaubert, Barginac, qui étaient du côté de Castres ; et enfin la gache du pont ou de Villegoudou (*Villagodor*).

Les consuls étaient nommés de la manière suivante : Sur les vingt-huit nouveaux conseillers, le conseil sortant en prenait douze, qu'il rangeait trois par trois, sous les dénominations de Riches (*Rics*), de Pauvres (*Paubres* ou *menuts*), de Gens du commun (*Comus*) et de *Megiers*. Faute de renseignements suffisants et par suite des grandes lacunes qui existent dans la série de nos documents originaux, nous n'avons pu parvenir à définir et à délimiter exactement cette classe de la population qu'on appelait les *Megiers*. (*) Le sens même de ce mot est inconnu, de telle sorte que toutes les données nous font défaut sur lesquelles ou pourrait asseoir une conjecture....

Le conseil et les consuls anciens dressaient donc une liste comprenant douze personnes et composée comme nous l'avons dit. Cette liste était présentée, à la Tour-Caudière, aux gens de la cour du seigneur, qui la renvoyaient à la maison commune (*mayo comunal*) avec quatre noms marqués (*senhats*), un par chaque catégorie. Ces noms étaient ceux des nouveaux consuls. Il y avait donc le consul des riches, le consul des pauvres, celui des gens du commun et celui des *mégiers*. Le conseil se subdivisait de la même manière, de sorte que tous

---

(*) Voir la note VII.

les intérêts de la cité avaient leurs défenseurs attitrés au sein de l'administration municipale.

Le lendemain, premier janvier, les consuls et conseillers anciens, précédés de ménétriers jouant de la flûte et du tambourin, se rendaient à la place du Pla *(plassa del Pla)* et là, en présence du peuple assemblé, proclamaient les noms des consuls et des conseillers nouveaux. Cette publication faite, le cortège revenait à l'hôtel-de-ville et prenait part à une collation composée de pain, vin, fromage et fruits de la saison.

A leur entrée en fonction, les consuls prêtaient serment au comte ou à ses officiers de garder les droits du dit comte, ainsi que les libèrtés et franchises de la ville et de ne rien recevoir pour leur office.

III

Un des premiers soins du conseil, une fois installé, était de nommer des préposés à la surveillance des bouchers, des boulangers, des marchands de poisson, des fabricants de cierges, etc. ; il faisait publier les ordonnances qui régissaient les divers corps d'états et dont les dispositions avaient pour but de contraindre les marchands à l'honnêteté et de défendre l'acheteur contre la tromperie.

Ces ordonnances, y compris celle concernant la toilette des dames *(larnes de las donas)*, (1) étaient publiées à son de trompe, au commencement de

(1) La langue romane écrite ne comporte pas d'accents sur les lettres ; c'est au lecteur à les suppléer quand la prononciation l'exige.

chaque année, dans les places et carrefours ci-après : à la place de la Bécarié ou de Malbec, au carrefour de la Nause-Nauquier, au Portail-Neuf, à la Place, au bout du Pont-Neuf, au bout du Pont-Vieux, au carrefour de la Couverte, à la place de Saint-François, à la place Narbonnaise, à la place de l'hôpital Saint-Jacques, au carrefour de l'Archidiacre (*de archidiague*) et à la place du portail Sainte-Foi.

La fabrication des draps était soumise à un règlement particulier, qui avait pour objet de lui conserver la bonne renommée qu'elle s'était acquise au dehors. Les fabricants de Castres fréquentaient les foires de Montagnac, Pézénas, Toulouse, Castelnaudary, Avignonet et Rodez. A la foire de Pézénas, du mois de novembre, qui était la plus suivie, ils élisaient quatre d'entr'eux, sous le nom de préposés de la *Pararia*, lesquels, une fois rentrés à Castres, avaient autorité pour surveiller les détails de la fabrication et appliquer les règlements sévères qui la régissaient. Les tisserands devaient ourdir à la longueur de seize cannes et non à moins. Les pareurs (*paraypres*) ne devaient pas rendre les pièces aux marchands avant que les préposés les eussent vues et mesurées. Les préposés devaient mettre à la queue du drap un sceau de plomb, s'il avait la longueur voulue ; mais si la pièce était courte (*breus*), ils mettaient le sceau à l'intérieur du drap, de manière à indiquer de combien il était court.

Lorsqu'une pièce de drap était défectueuse et fabriquée de manière à tromper la bonne foi de l'acheteur, les préposés la faisaient saisir. La plus grande partie en était donnée aux pauvres ; on en réservait une portion que le bourreau traînait par les rues de la ville et qu'il brûlait ensuite publiquement. C'était l'exécution d'une formule appliquée en cas pareils et qui revient fréquemment dans les ordonnances et règlements de cette époque : traîner, brûler, donner (*tirar*, *ardre*, *donar*).

IV

Les revenus de la ville n'étaient pas considérables ; ils consistaient principalement dans le fermage des tables de la place, du courtage des marchandises, des fours et du droit de pêche dans les fossés de la ville. Ces divers produits étaient à peine suffisants pour payer les dépenses ordinaires. Pour parer aux autres dépenses, parmi lesquelles les frais de justice n'étaient pas les moindres, à cause de la trop grande facilité des villes à cette époque à s'embarquer dans d'interminables procès, il fallait avoir recours à l'impôt (*quista*). L'impôt portait sur la propriété foncière et mobilière. Pour en faire l'assiette, le conseil nommait des estimateurs (*estimayres*) chargés d'évaluer les biens des habitants de la ville et de la banlieue. Il y avait deux estimateurs par gache. Le crieur public passait dans tous les quartiers et proclamait, à son de trompe, les noms de leurs estimateurs respectifs, afin que les habitants fussent mis en demeure de protester, s'il y avait lieu. Cette publication se faisait suivant la formule ci-après :

Fay vos hom saber, Senhors e Donas, de part dels cossols de la Viala, que benguats auzir la elleccio facha dels estimayres dels bes de quascu de la viala.	On vous fait savoir, Messieurs et Dames, de la part des consuls de la ville, que vous veniez ouïr les noms des estimateurs des biens de chacun.
Estimayres de la guacha Bonafos, Vices Pagua e Ramon de la Crotz.	Estimateurs de la gache Bonafous, (1) Vincent Pagua et Raimond de la Croix.
Ay negu que hi vuelha contradire daquela guacha ?	Y-a t il quelqu'un de cette gache qui veuille y contre dire ?
Hom vos ho dits una vets dos e tres ; quar dayssi avan non seriats auzits.	On vous le dit une, deux et trois fois ; car désormais vous ne seriez pas écoutés.

Les consuls et leur conseil suffisaient pour l'expédition des affaires courantes ; mais lorsqu'il s'agissait de prendre une décision importante, de frapper la ville de quelque charge un peu lourde, ils étaient tenus de s'assurer de l'adhésion des habitants et convoquaient à la maison commune ceux qu'on appelait les *bons hommes*, c'est-à-dire les gens notables pris en dehors du conseil. Quelquefois même, dans les circonstances extraordinaires, le peuple tout entier était appelé à se prononcer dans des assemblées générales, qui avaient lieu à l'église de la Platé.

Les avantages dont jouissaient les habitants de Castres faisaient que les étrangers, après un peu de résidence, y réclamaient volontiers droit de cité. Les consuls les *recevaient aux franchises et libertés* de la ville, les dispensaient du paiement de l'impôt

(1) Par exemple.

pour la première année, mais les déclaraient astreints au service armé qu'exigeait la garde des portes et des remparts, dans les circonstances fréquentes où la sûreté de la ville était mise en péril.

V

Lorsque la ville avait à craindre quelque démonstration hostile de la part de ces compagnies de routiers, qui couraient alors les campagnes et furent le fléau de la France au XIVe siècle, les habitants se renfermaient dans leurs murailles et prenaient toutes leurs précautions pour ne pas se laisser surprendre et pour résister à un coup de main. On plaçait des sentinelles (*badas*) en observation sur le clocher de St.-Vincent et sur les hauteurs environnantes, notamment sur celles de Puech-Auriol, de Monfanet et de Montasen, afin d'être averti de l'approche de l'ennemi. Dans le même but, des écouteurs (*escotas*) s'embusquaient de nuit dans les passages qui donnaient accès à la ville. Le conseil se réunissait et déclarait qu'il y avait lieu de mettre *gag e porta* (c'était la formule consacrée), c'est-à-dire d'organiser le service du guet et de faire garder les portes de la ville.

L'enceinte de Castres présentait sept portes fortifiées, savoir : du côté de Castres, celles del Trauc, de Montfort, de la Tolosane, la Porte-Neuve et celle de l'Albinque ; du côté de Villegoudou, la porte Narbonnaise et la porte Sainte-Foi.

Le capitaine de la ville convoquait les cinquanteniers et ceux-ci à leur tour les compagnies de cinquante hommes dont ils avaient le commandement; et les bourgeois faisaient patrouille sur le rempart (*trenh*) et faction aux portes jusqu'à ce que l'orage eût cessé d'être menaçant.

Les miliciens de Castres portaient comme armes offensives : l'arbalète à corne ou de corne (*balesta ab bannillas*), le carquois garni de viretons (*carcays ab viratos*). Le vireton était un trait empenné en hélice avec des lamettes de bois, qui le faisaient tourner sur lui-même.

Et comme armes défensives :

Le pavois (*paves*) ou bouclier, le bassinet avec son camail (*ab son campmalh*), armure de tête qui garantissait aussi les épaules ; le jaseran (*gasarina*), cotte de mailles ; le jaques, sorte de pourpoint qu'on mettait par dessus le jaseran ; et enfin le platas, gantelet garni de métal et couvert de basane colorée (*aluda*).

Lorsque l'arbalétrier sortait en rase campagne, il était accompagné de son porteur de pavois (*pavessier*), lequel tenait assujetti contre terre le pavois qui était de hauteur à couvrir un homme. Ainsi abrité, l'arbalétrier manœuvrait son arme et faisait partir ses viretons.

Si la troupe ainsi aventurée au dehors, avait pour objectif la prise de quelque lieu fortifié, elle traînait avec elle la bombarde de la ville, une machine de siège qui, à l'aide de cordes et de ressorts, lançait de grosses pierres.

VI

Les consuls portaient des robes mi-parties de rouge et de bleu foncé (*pers*). A leur entrée en fonctions, ils faisaient dire trois messes pour attirer sur leurs travaux les bénédictions du ciel : une messe du Saint-Esprit, une messe de la Sainte Vierge et une messe des morts.

La ville faisait les frais du pain bénit qui se distribuait tous les dimanches aux églises de la Platé et de St-Jacques. Elle payait au chapitre de St-Benoît une rente annuelle d'une livre de poivre et de 8 sous, 4 deniers, pour la jouissance qui lui avait été concédée par le dit chapitre du pâtus du *jeu de l'arbalète* et du *tendal* — ou rame pour tendre les draps — de Villegoudou.

Le jour de la Pentecôte, les valets des consuls se plaçaient sur les galeries supérieures de l'église de la Platé et de là, pendant le temps que durait le chant du *Veni Creator*, faisaient pleuvoir sur le peuple de petits gâteaux très légers qu'on appelait *Neulas* (1), symbole des dons du Saint-Esprit qui descendirent ce jour là sur les apôtres.

Les consuls, revêtus de leurs robes rouges et couronnés de roses, suivaient en grande pompe la procession de la Fête-Dieu. Ils étaient accompagnés de leurs valets en livrée mi-partie blanc et vert, tenant à la main les torches de cire des consuls et coiffés également de chapeaux de fleurs.

Comme fief relevant de la couronne, la seigneurie de Castres faisait partie de la sénéchaussée de Carcassonne.

Vers le commencement du XIVe siècle, le sceau des habitants de Castres représentait une église (celle de St-Vincent) avec coupole à trois étages en retraite

(1) Du latin *nebulæ*, petits nuages.

et portait cette inscription : † *Sigillum universitatis burgi Castrensis,* sceau de l'université du bourg de Castres. Sur le contre-sceau on voyait un homme coiffé d'une toque, vêtu d'un habit collant, la main droite levée, tenant de la gauche un bâton terminé par une croix, et sortant à mi-corps d'une châsse en forme de galerie. On lisait tout autour l'inscription : † *Ymago corporis beati Vincentii,* image du corps de St-Vincent. (1)

---

(1) *Revue du département du Tarn. T. II.*

CHAPITRE VII

Seigneurs de Castres de la maison de Montfort

1229 — 1300

En 1229, le roi Louis IX inféoda à Philippe de Montfort, fils de Gui et neveu du fameux Simon, la partie de l'Albigeois située à la gauche du Tarn, excepté la ville d'Albi que ce prince se réserva. Philippe fit hommage de ce pays au roi, au mois d'avril 1229.

Telle fut l'origine de la seigneurie de Castres, ainsi appelée du nom de la ville qui en était le chef-lieu.

Philippe de Montfort, premier du nom, se qualifia depuis seigneur de Castres. Les bourgeois de Castres allèrent trouver leur nouveau seigneur à Lombers pour lui présenter leurs hommages et leurs respects

En 1248, le roi Louis IX s'embarqua à Aigues-Mortes. Parmi les principaux seigneurs de la province de Languedoc qui le suivirent, se trouvaient Trencavel, autrefois vicomte de Béziers, Philippe I de Montfort, seigneur de Castres, et Gui de Montfort, son frère, seigneur de Lombers.

On connait les suites malheureuses de cette croisade dirigée contre l'Egypte : la prise de Damiette, la marche sur le Caire, les combats de Mansourah et la retraite désastreuse qui les suivit, et enfin la captivité du roi saint Louis, l'héroïsme de ce prince et sa constance dans le malheur qui firent l'admiration de ses ennemis.

Après les désastres subis par les croisés auprès de Mansourah, après qu'une terrible épidémie se fut abattue sur les débris de leur armée, après des tentatives infructueuses pour obtenir des musulmans une trêve honorable, le roi se vit contraint de donner le signal de la retraite et de reprendre avec ce qui lui restait de troupes le chemin de Damiette.

Il cheminait le long du Nil, monté sur un petit « roussin » et sans armes, à cause de la grande faiblesse où l'avaient mis le scorbut et la dyssenterie dont il était atteint. Il n'avait auprès de lui pour le défendre que le sire Geoffroi de Sargines ; mais ce vaillant chevalier ne s'y épargnait guère. « Il défendait le roi contre les Sarrasins comme le bon valet défend des mouches la coupe de son seigneur ; car toutes les fois que les Sarrasins l'approchaient, il prenait sa lance, la mettait sous son aisselle, recommençait à leur courir sus et les chassait d'auprès du roi. » (1)

Au premier village qu'on atteignit, on fut obligé de descendre le roi de cheval et de le coucher dans une maison, la tête sur le giron d'une dame de Paris. Il était tellement exténué qu'on pensait qu'il n'irait pas jusqu'au soir. Là se présenta Philippe de Montfort ; il venait de rencontrer un émir avec lequel il avait négocié précédemment afin d'obtenir une trêve et il demanda au roi la permis-

(1) Joinville. — Traduction par M. N. de Wailly.

sion de conclure avec ce chef musulman un armistice aux conditions imposées par le sultan et qui avaient été repoussées naguère. Le roi y consentit. Les pourparlers entre Philippe de Montfort et l'émir furent interrompus par un fort triste accident ; « car un traître sergent, qui avait nom Marcel, se mit à crier à nos gens : « Seigneurs chevaliers, rendez-vous, car le roi vous le mande ; et ne faites pas occire le roi ! » Tous pensèrent que le roi le leur avait mandé et ils rendirent leurs épées aux Sarrasins. »(1) Quand l'émir vit que les Sarrasins emmenaient prisonniers les gens du roi, il dit à Philippe de Montfort : « Je ne vous puis plus assurer la trêve ; vous voyez bien que tous vos gens sont déjà pris. » Toute l'armée devint ainsi prisonnière à l'exception de Philippe de Montfort que son caractère de négociateur rendait inviolable.

Louis, après avoir payé une énorme rançon, s'embarqua pour la Syrie avec les débris de son armée. Il y séjourna quatre ans et ne se décida à rentrer en France qu'après la mort de sa mère, qui avait été régente du royaume en son absence (1254). Il laissait en Syrie cent chevaliers pour le secours des chrétiens de la Terre-Sainte.

Philippe I de Montfort, seigneur de Castres, fut du nombre de ces chevaliers. « Il fixa son séjour dans la Terre-Sainte, où il avait épousé en secondes noces Marie d'Antioche, dame de Thoron, dont il eut plusieurs enfants.

« Il laissa l'administration de sa terre de France et d'Albigeois à Philippe II, son fils, qu'il avait eu

(1) Joinville. — Traduction par M. N. de Wailly.

d'Eléonore de Courtenay, sa première femme, et se réserva deux mille livres tournois de rente sur ces biens, dont il disposa dans la suite en faveur du même Philippe II. » (1).

Philippe II fit la guerre en 1257 à Bertrand, dit *l'ancien*, vicomte de Lautrec. Bertrand prétendait que les biens confisqués pour cause d'hérésie dans l'étendue de sa vicomté, et notamment ceux de feu Guilhaume de Paulin, lui appartenaient. Philippe invoquait sa qualité de suzerain pour les lui disputer. Le roi intervint dans la querelle et déclara le vicomte de Lautrec dûment possesseur de ceux qui avaient été confisqués avant la paix de 1229. On ne sait si les biens de Guilhaume faisaient partie de cette catégorie. Quoi qu'il en soit, Bertrand les retint justement ou injustement et, comme le fils de Guilhaume se plaignait, il le tua. Le roi, voulant punir cet attentat, fit arrêter le vicomte par le sénéchal de Carcassonne. Il le fit délivrer peu de temps après, à la condition qu'il paierait deux cents livres aux parents et amis du mort, qu'il leur abandonnerait le domaine dont il était question et qu'il irait servir pendant deux ans outre mer à ses dépens.

Au mois de janvier 1265. Philippe II de Montfort confirma les privilèges de la ville de Castres. Il est probable qu'il n'accorda pas aux bourgeois de Castres cette confirmation de leurs libertés, sans leur faire payer une partie des frais de l'expédition, qu'il fit cette même année en Italie, à la suite et sous les ordres du comte d'Anjou. Charles, comte d'Anjou et de Provence, frère du roi, avait été appelé en Italie

(1) Dom Vaissète.

par le Pape pour faire la conquête de la Lombardie et des royaumes de Naples et de Sicile sur Mainfroi, fils naturel de l'empereur Frédéric II. Dès le commencement de cette expédition, Charles d'Anjou détacha Philippe de Montfort avec un corps de troupes, pour lui frayer les voies de l'autre côté des Alpes. Philippe, qui était un très brave chevalier, s'acquitta de cette mission avec un plein succès.

Philippe de Montfort et le maréchal de Mirepoix commandaient l'avant-garde de Charles à la bataille de Bénévent, que ce prince gagna sur Mainfroi, son concurrent. Philippe fut alors nommé vice-roi de Sicile en récompense de sa brillante conduite.

« Philippe de Montfort revint d'Italie en 1267 pour prendre possession de la seigneurie de Castres, que Philippe I, seigneur de Tyr, son père, lui avait enfin cédée. Il mit ordre à ses affaires et fit son testament, le premier avril 1270, au château de Roquecourbe, en présence de Jeanne de Lévis, sa femme. Enfin après avoir fait consentir de gré ou de force l'abbé et les religieux de Castres à céder l'église de St-Vincent aux Frères Prêcheurs, pour lesquels il avait fondé un couvent en 1258, il partit pour le royaume de Naples, où il rejoignit Charles roi de Sicile. Ce prince étant venu au secours du roi saint Louis, son frère, sur les côtes d'Afrique, Philippe le suivit et mourut devant Tunis, le 28 septembre 1270, par suite de la mortalité qui s'était mise dans le camp. Après la mort de ce seigneur, le chevalier Géraud de Burlats, son vassal, qui ne l'avait pas quitté, fit enterrer ses entrailles et ses chairs dans le camp et apporta ses ossements et son cœur à Castres, où ils furent inhumés, dans l'église de St-Vincent, en présence de Jeanne de Lévis, sa veuve, et de toute la noblesse du pays. Les religieux du couvent firent graver une épitaphe sur son tombeau, où ils relevaient beaucoup ses talents et ses vertus, mais surtout ses exploits militaires. Ils le représentaient dans cette épitaphe comme la fleur de la chevalerie de son temps : bien fait, libéral, rempli d'honneur, de probité, de sagesse et de courage. » (1)

« Il laissa deux fils et trois filles de Jeanne de Lévis, sa femme. Les deux fils Jean et Simon étaient encore mineurs et demeurèrent sous la tutelle de leur mère. Simon mourut le 24 janvier 1273 dans la Pouille, au royaume de Naples. On apporta son corps à Castres où il fut inhumé dans l'église de St.-Vincent, aux pieds de Philippe II, son père. Jeanne de Lévis, veuve de ce dernier, mourut à son tour le 30 mai 1284. Elle fut aussi inhumée dans l'église de St.-Vincent, à côté de son mari. » (2)

« A la mort de son frère Simon, Jean de Montfort se trouva seul héritier de la seigneurie de Castres. Il s'était attaché à la fortune de Charles I et de Charles II, rois de Naples et de Sicile, et mérita par ses services de parvenir à la dignité de comte de Squillace et de Monte-Caveoso, au royaume de Naples, et à celle de chambellan du royaume de Sicile. Ces charges l'engagèrent à faire son principal séjour en Italie. Il venait de temps en temps en France, pour avoir soin des domaines qu'il y possédait ; et il fit entr'autres un voyage en Albigeois en

(1) Dom Vaissète.
(2) Ibid.

1290, où il demeura cette année et les suivantes. Etant retourné en Italie, il y mourut à Foggia, dans le royaume de Naples, le premier de décembre de l'an 1300, sans laiser aucune postérité. Son corps fut mis en dépôt dans l'église de Foggia, parce qu'il avait élu sa sépulture dans l'église de St-Vincent de Castres, qui appartenait alors aux Frères Prêcheurs, aux pieds de Jeanne de Lévis, sa mère. — Ces religieux députèrent quelques-uns d'entr'eux pour l'aller chercher et l'apporter à Castres. Ils ne partirent qu'en 1304 et, étant de retour dans le pays, ils le déposèrent dans le monastère de Prouille, en attendant que tout fut prêt pour la cérémonie de l'inhumation. Elle se fit avec beaucoup de pompe, le mercredi 7 juillet 1305, et le corps de Jean de Montfort fut enterré au milieu de l'église de St-Vincent, après qu'Eléonor, comtesse de Vendôme, sa sœur, qui présidait aux funérailles, l'eut reconnu à une cicatrice qu'il avait au visage dès son enfance. On trouva que son corps s'était conservé exempt de corruption, et cette circonstance fut mentionnée dans le procès-verbal, qui fut dressé à cette occasion.

En ce seigneur finit la race des seigneurs de Castres de la maison de Montfort. » (1)

---

(1) Dom Vaissète.

CHAPITRE VIII

Les Dominicains et les Cordeliers de Castres.

Bernard Délicieux.

Nous avons vu quel rôle important a joué l'abbaye de St-Benoit dans l'histoire de notre pays. La période de sa gloire, qui dura environ quatre cents ans, est signalée par la fondation de la ville de Castres, par les bienfaits de toute nature qu'elle prodigua à ses premiers habitants, par le lustre que jeta sur elle la possession des reliques de saint Vincent. Puis vinrent l'oubli de la règle, le relâchement, les dissensions intestines et finalement un état de décadence qui dura encore plusieurs siècles et semble avoir été irrémédiable. Cet amoindrissement des destinées de la noble abbaye est marqué par les usurpations que firent sur elle les seigneurs séculiers, par la perte de son indépendance et sa mise en la tutelle et la subordination de l'abbaye de St-Victor de Marseille.

La conquête de l'Albigeois par Simon de Montfort lui porta aussi de rudes coups. Le comte de Montfort détacha de ce monastère l'église de St-Vincent, qui en dépendait, et la donna à des clercs de la suite de son armée, dont il voulait récompenser le zèle et sur le dévouement desquels il pouvait compter. Ceux-ci se formèrent en chapitre de chanoines réguliers et mirent à leur tête, comme prieur, Mathieu de France, lequel devint, quelques années après, disciple de saint Dominique, par suite d'une circonstance que nous allons raconter :

Pendant son séjour dans l'Albigeois, Dominique venait souvent à Castres pour visiter l'église de St-Vincent, et recevait l'hospitalité des chanoines établis auprès de cette église. Il restait habituellement en prières devant les reliques du saint jusqu'à l'heure de midi, qui était celle où les chanoines prenaient leur repas. Un jour, il laissa passer cette heure, et le prieur envoya un de ses clercs le chercher. Le clerc vit Dominique élevé de terre d'une demi-coudée en face de l'autel ; il courut avertir le prieur, qui trouva Dominique en cet état d'extase. Ce spectacle lui causa une si vive impression que, peu de temps après, il se joignit au serviteur de Dieu. (1)

Les moines de St-Benoit ne supportèrent pas sans déplaisir d'être dépossédés de l'église de St-Vincent ; ils parvinrent même à en chasser les chanoines. Ceux-ci y furent rétablis en 1232 ; mais, à leur tour, ils durent céder la place, en 1258, aux Dominicains ou Frères Prêcheurs, le nouvel ordre fondé par saint Dominique.

Les Franciscains ou Cordeliers avaient précédé les Dominicains à Castres ; ils y vinrent vers 1229. Grâce aux bienfaits du comte de Toulouse, ils élevèrent, au bas de la colline de Beaumont, un magnifique couvent dont il ne reste aujourd'hui qu'une

---

(1) Vie de saint Dominique par le P. Lacordaire.

tour, et qui était assez vaste pour loger soixante religieux. L'enceinte du couvent renfermait de grands jardins et des prairies arrosées de fontaines.

Il n'est pas hors de propos de remarquer que ce couvent était alors en dehors des murs de la ville, lesquels suivaient de ce côté le tracé actuel de la rue des Boursiers, gagnaient le *Castelmoutou* et de là se prolongeaient vers la rivière, le long du ruisseau du Gazel, qui leur servait de fossé. La porte de la ville, dite de l'Albinque, était précisément où est aujourd'hui l'entrée de la rue des Boursiers, et elle faisait face à la grande porte du couvent.

Les cordeliers ou frères-mineurs de Castres se rangèrent du parti de Bernard Délicieux, dans la lutte opiniâtre que ce moine illustre de leur ordre soutint contre l'inquisition.

En 1301, le roi Philippe-le-Bel, fatigué des plaintes qui s'élevaient contre les inquisiteurs, envoya dans le Languedoc Jean de Pecquigny, vidame d'Amiens, et Richard Leneveu, archidiacre de Lisieux, à titre de réformateurs, afin de mettre un terme aux excès dont on accusait leurs tribunaux.

A Carcassonne, le peuple soulevé par l'ardente parole de Bernard Délicieux, contraignit le vidame d'Amiens à délivrer de leurs cachots les prisonniers de l'inquisition. Cet acte constituait une violation flagrante des lois canoniques ; aussi attira-t-il sur la tête du Vidame une sentence d'excommunication, qui fut fulminée par l'inquisiteur Geoffroy d'Ablis.

Cette sentence fut publiée à Castres, sur l'ordre de l'archiprêtre de cette ville, par Jean de Recoles, prêtre de l'église de Notre-Dame de la Plâté. Le lendemain, Jean de Recoles fut mandé par Pierre de Nicolaï, lieutenant du viguier d'Albi, dans la maison de Guillaume Bourges, située en face du couvent des frères-mineurs. Pierre de Nicolaï lui fit de très vifs reproches d'avoir osé lire une sentence d'excommunication rendue contre le vidame, contre le représentant du roi. Le prêtre s'excusa, alléguant les ordres qu'il avait reçus de l'archiprêtre de Castres. Alors le lieutenant du viguier le fit arrêter et le conduisit dans le couvent des frères-mineurs. La foule envahit à leur suite le couvent en grand tumulte. Là Jean de Recoles fut insulté et frappé; les frères-mineurs eux-mêmes ne lui épargnèrent pas les menaces afin de l'engager à rétracter sa proclamation. Mais Jean de Recoles ne voulut pas y consentir et fut secondé dans sa résistance par un de ses collègues nommé Jean de Dieu, qui déclara que, si l'ordre qu'avait reçu Jean de Recoles lui avait été donné, il aurait agi comme ce dernier. Cette scène, dont fut témoin le gardien du couvent, Frère Bertrand de Villardel, et à laquelle il ne fit rien pour mettre un terme, se passait au mois de novembre 1303.

A la fin de cette année, nous trouvons Bernard Délicieux à Castres. Il a assemblé le peuple dans le vieux cimetière de St-Benoit et là, avec son éloquence accoutumée et que ses contemporains trouvaient irrésistible, il l'exhorte à adhérer à la ligue qu'il vient de prêcher dans les principales villes du pays : «Toute la puissance des inquisiteurs tient, dit-il, à ce qu'on n'ose pas la combattre, il faut oser et ne pas s'inquiéter du reste. Le tribunal de l'inquisition prononce des arrêts sur des crimes qu'il invente. Le roi soupçonne qu'il en est ainsi ; il faut le convaincre. Voici qu'une occasion se présente de lui faire connaître la vérité. Ce bon roi vient lui-même rendre visite à son peuple calomnié. Qu'il soit entouré, pressé, supplié ; que tout le monde conspire à l'éclairer, et le dernier jour de l'inquisition est venu. » Philippe-le-Bel arrivait en effet le jour de Noël dans la ville de Toulouse, accompagné de la reine, Jeanne de Navarre, et de ses trois fils, Louis, Philippe et Charles. Lorsqu'à la tête d'un brillant cortège le roi traversa les rues de la ville, une immense foule se précipita sur son passage, en criant : Justice ! Justice ! C'était la manifestation que Bernard avait demandée (1)

Bernard Délicieux était doué de sentiments nobles et généreux ; mais c'était aussi un esprit inquiet et passionné. Le roi de France ne protégeant pas, suivant lui, d'une manière suffisante, ses sujets contre les inquisiteurs, il alla contre son prince jusquà la trahison et n'hésita pas à entrer dans un complot, qui avait pour but de livrer la ville et le bourg de Carcassonne à Ferrand, infant de Majorque.

Ennemi acharné des Dominicains et de leur tribunal, il aurait pu du moins vivre dans son ordre tranquille et honoré. Il aima mieux, comme chef d'un parti turbulent dit des *Spirituels*, y porter le trouble et la confusion. Jusqu'à ce qu'enfin, ayant lassé la longanimité de l'autorité ecclésiastique, il fut jeté dans la prison de l'inquisition à Carcassonne, où il mourut peu de temps après (1319).

---

(1) Hauréau. — *Bernard Délicieux.*

Puisque nous avons fait mention du vieux cimetière de St-Benoit, aujourd'hui Place des Ormeaux, il ne sera pas inutile de rappeler un autre souvenir historique qui s'y rattache. Le 12 mai 1247, Trencavel, fils de l'infortuné vicomte de Béziers, y fit en personne, devant le peuple assemblé, renonciation au domaine qu'il avait sur les chevaliers et les habitants du château de Lombers. Il venait de parcourir les divers pays qui avaient été soumis à la domination de son père et partout avait fait de semblables renonciations. Tel est le dernier et triste reflet que jette l'histoire sur cette illustre famille des Trencavels, au moment où elle disparait dans l'ombre épaisse de l'oubli.

CHAPITRE IX

Evêques de Castres. Seigneurs et comtes de Castres de la maison de Vendôme: Jean V, Bouchard VI, Jean VI, Bouchard VII.

1317 — 1369

1317. — Le pape Jean XXII érigea en évêché, au mois de juillet de l'an 1317, l'abbaye de St-Benoît de Castres et attribua à ce nouveau siège cent quatorze paroisses de l'ancien diocèse d'Albi. Il nomma pour premier évêque de Castres Déodat, abbé de Lagni, au diocèse de Paris, et lui assigna cinq mille livres tournois de rente sur les revenus de l'évêché d'Albi. Bertrand, abbé de Castres, s'opposa à cette érection. Dans une requête adressée aux parlements réunis de Paris et de Toulouse, il fit valoir de la manière suivante les motifs de son opposition : « Le dit abbé dit et affirme que, conformément aux ordres de Sa Sainteté le pape Jean XXII, il a comparu devant le siège apostolique et que là il n'a pas osé résister à la volonté du Pape et qu'il a donné son consentement écrit à la dite érection ; que ce consentement lui a été arraché par la crainte; car les serviteurs du Pape murmuraient autour de lui que s'il résistait, il serait tenu en prison perpétuelle .... Le dit abbé dit enfin que le pape Jean, suivant en cela les traces de ses prédécesseurs, s'efforce de joindre à l'empire spirituel, qui lui appartient dans toute la terre, la domination sur tout pouvoir temporel et que, pour atteindre plus facilement son but, il multiplie les évêques afin d'avoir de plus nombreux auxiliaires de cette usurpation. Il proteste d'ailleurs qu'il n'a pas l'intention d'offenser le Pape, qu'il honore et auquel il est prêt à rendre en toute autre chose l'obéissance spirituelle, comme au vicaire de Jésus-Christ. »

On sait que la requête de Bertrand n'eut aucun succès. L'évêque fut intrônisé. L'église de l'abbaye servit de cathédrale et les bénédictins continuèrent d'y célébrer le service divin et en composèrent le chapitre, sans aucun changement à l'observance régulière. Le Pape attribua à ce chapitre l'élection des évêques ; mais il voulut que les chanoines séculiers de la collégiale de St-Pierre de Burlats, qu'il fonda en même temps que la cathédrale, concourussent à cette élection. Le concours de ces chanoines à l'élection des évêques ne dura que jusqu'au pontificat du pape Clément VI en 1343.

Déodat mourut en 1327. Il avait fondé auprès de sa cathédrale une école en faveur de douze pauvres. Amélius de Lautrec lui succéda,

1340. — « Cette année mourut Eléonore de Montfort, dame de Castres ; elle avait succédé en 1300 à son frère Jean de Montfort. Elle eut trois fils de son mariage avec Jean V, comte de Vendôme, savoir : Bouchard VI, comte de Vendôme, Jean et Pierre de Vendôme. Bouchard lui succéda dans la seigneurie de Castres. Par son testament daté du 19 mai 1338, elle élut sa sépulture au milieu du chœur de l'église de St-Vincent des Jacobins de Castres, et ordonna qu'il fut brûlé en flambeaux de cire, le jour de son enterrement, pour mille livres pesant. Elle légua deux cents livres pour construire une chapelle dans cette église et trois cents livres pour une statue d'albâtre ou de marbre qui devait être placée sur son tombeau. Elle pria le comte de Vendôme, son fils aîné, de se faire inhumer auprès d'elle après sa mort. » (1)

Bouchard maria Jean, son fils aîné, avec Jeanne de Ponthieu, le 28 mars 1344.

1346. — Le roi Philippe de Valois envoie deux commissaires dans la sénéchaussée de Carcassonne, afin d'obtenir un subside pour la guerre qui était déjà ouverte en Gascogne. La guerre contre les Anglais était en effet ouverte dans le midi comme dans le nord de la France; et cette même année 1346 devait être marquée par la funeste bataille de Crécy ! Malgré les efforts des commissaires, il n'y eut dans la sénéchaussée de Carcassonne que les communes dépendantes du domaine du comte de Vendôme, seigneur de Castres, qui se montrèrent bien disposées ; elles offrirent de payer deux mille cinq cents livres tournois. Il est marqué dans le traité, que firent ces communes avec les commissaires, qu'elles accordaient au roi la somme de deux mille cinq cents livres, en considération de la fidélité et de l'affection que le comte leur seigneur, ses prédécesseurs et leurs sujets avaient toujours eues pour la couronne de France (2)

1351. — Les états généraux furent convoqués à Paris, au mois de mars. Les principales villes de la

(1) Dom Vaissète.
(2) Ibid.

sénéchaussée de Carcassonne au nombre de vingt-deux, y envoyèrent leurs députés, qui convinrent de donner au roi, pour toute la sénéchaussée, cinquante mille livres tournois.

« Il s'éleva une grande dispute, au sujet de la répartition de cette somme, entre le procureur du roi de la sénéchaussée et les communautés dépendantes de la seigneurie de Bouchard, comte de Vendôme. Ces communautés prétendaient payer par taxe, c'est-à-dire à forfait ou en gros, et non par feux ; elles offraient de payer 2191 livres pour leur part. Le procureur du roi prétendait au contraire qu'il n'y avait que les villes de Carcassonne, Limoux, Narbonne et Béziers dans la sénéchaussée, qui eussent le privilège de payer les subsides par taxe. Les communautés de la seigneurie de Castres furent maintenues dans l'usage de ne payer que par taxe. » (1)

L'impôt par feux fut établi pour tenir lieu des chevauchées ou service militaire auquel les communes étaient obligées envers le roi. Les pauvres gens qui n'avaient pas cinquante sous tournois de bien, étaient exempts de cette contribution ainsi que les clercs mariés et non mariés. Ce privilège des clercs donnait lieu à de bien grands abus. Il y avait en effet beaucoup de personnes qui se procuraient la tonsure, uniquement pour ne pas payer l'impôt et qui, n'appartenant que de nom à la cléricature, exerçaient divers métiers manuels, tels que ceux de tailleur, cordonnier, cabaretier, maçon, tisserand, etc.

---

(1) Dom Vaissète.

1353. — Le 4e évêque de Castres fut Etienne de Abavo. Le tombeau de cet évêque était situé dans le chœur de l'église de St-Benoit, à droite du grand autel. On y lisait l'inscription suivante : « Moi Etienne de Abavo, humble évêque de Castres, enfermé sous cette pierre je repose dans le Seigneur. Je sais que le Christ est ressuscité d'entre les morts et je crois que je ressusciterai au dernier jour. Cette croyance, je l'ai enseignée de mon vivant, mort je la professe encore. »

1355. — Cependant le roi Philippe IV de Valois était mort en 1350 et son fils aîné Jean lui avait succédé. Sous le règne de ce prince la guerre des Anglais reprit avec une nouvelle fureur et eut d'abord pour théâtre le midi de la France. Le prince de Galles, débarqué à Bordeaux avec mille hommes d'armes et deux mille archers, rassembla l'élite des Gascons, remonta la Garonne jusqu'aux portes de Toulouse, passa cette rivière à gué et poussa jusqu'à Narbonne, pillant et brûlant sur son passage toutes les petites villes et bourgs : Mongiscard, Villefranche, Avignonet, Mas Saintes-Puelles, Castelnaudary, etc. Puis il revint à Bordeaux, traînant après lui mille chariots chargés de toutes les richesses du pays et cinq mille prisonniers. Le comte d'Armagnac, lieutenant du roi en Languedoc, ne fit rien pour la défense de cette province ; ce qui donna lieu de le soupçonner d'être d'intelligence avec les Anglais.

« A la suite de ce triste évènement, Thibaud de Barbasan, sénéchal de Carcassonne, nomma, le 15 de décembre 1355, Bernard-Raimond de Durfort,

Guillaume de Villespassans et Bernard Bone, co-seigneur d'Hautpoul et juge criminel de la sénéchaussée, pour aller visiter les châteaux, cités et villes de l'Albigeois et du Castrais. Ils devaient, aux termes de la commission qui leur fut donnée, « faire fortifier celles de ces places qui pourraient être mises en état de défense, abandonner les autres et faire retirer les habitants dans les lieux fortifiés, parce que les ennemis se vantaient de faire bientôt une nouvelle irruption daus la sénéchaussée.... Si ces mesures avaient été prises, (ajoute la commission) suivant les ordres qui avait été donnés, le prince de Galles et les autres ennemis du roi n'auraient pas trouvé tous les lieux ouverts et sans défense, ne s'en seraient pas emparés et n'y auraient pas mis le feu, comme ils avaient fait, à la honte et au détriment des sujets du roi et du roi lui-même. » (1)

1356. — Le 19 septembre de cette année, eut lieu la fameuse bataille de Poitiers, dans laquelle les Français ayant à leur tête le roi Jean, furent battus par les Anglais commandés par le prince de Galles. Le roi fut fait prisonnier. Parmi les gentilshommes qui combattirent à ses côtés et partagèrent sa captivité se trouvait Jean VI, comte de Vendôme et de Castres. Le roi avait érigé en sa faveur, le 25 août précédent, la seigneurie de Castres et ses dépendances en comté, et avait déclaré que ce nouveau comté qui avait été régi auparavant suivant les us et coutumes de Paris, le serait à l'avenir suivant les coutumes du comté d'Anjou, où le comté de Vendôme était

---

(1) Dom Vaissète.

situé. Jean IV avait succédé à Bouchard VI, son père, comte de Vendôme et seigneur de Castres, décédé en 1353 (1).

« Les états généraux du Languedoc s'assemblèrent à Toulouse à la mi-octobre 1356. La noblesse, les consuls et les députés du tiers-état témoignèrent du désir extrême qu'ils avaient de voir délivrer le roi de sa captivité, de s'appliquer à la défense du royaume et de marcher au secours de ce prince. Ils offrirent d'entretenir à leurs dépens, pour faire la guerre dans le Languedoc pendant un an, cinq mille glaives ou hommes d'armes chacun avec deux chevaux, mille sergents à cheval et quatre mille tant arbalétriers que *pavesiers*, dont la moitié serait à cheval et l'autre à pied : en tout treize mille chevaux et deux mille fantassins, à raison de quinze écus d'or pour chaque glaive ou homme d'armes par mois et de sept écus d'or et demi pour chacun des autres On convint que tous les habitants, nobles ou autres, même les sujets ou vassaux des prélats et des barons comme ceux du roi paieraient pendant ce temps-là, savoir : chaque chef de famille trois petits deniers tournois par semaine (imposition qu'on appela ensuite capage ou capitation) ; et que les nobles, qui eux n'avaient pas l'habitude de payer des subsides pour la guerre, paieraient le double de ce capage. On convint de plus d'imposer pendant deux ans, pour l'entretien de ces troupes, une taxe, payable par semaine, sur tous les habitants des sénéchaussées de Languedoc, à proportion des biens meubles et immeubles qu'ils possédaient. » (1) « Et

(1) Dom Vaissète.
(2) Ibid.

» aussi ordonnèrent que homme ne femme du pays
» de Languedoc ne pourterait par le dit an, si le roi
» n'était avant délivré, or, ne argent, ne perles, ne
» vair, ne gris, ne chaperons décoppés, ne autres
» cointises quelconques ; et que aulcuns menestrels
» ne joueraient de leur mestier. » (1)

1367. — Jean, comte de Poitiers, troisième fils du roi, est nommé lieutenant-général en Languedoc.

1358. — « Jean, comte de Poitiers, se trouvant à Albi, accorda, le 12 août 1158, du consentement du Dauphin, son frère, des lettres de rémission en faveur de Pierre, évêque de Castres, et de cinquante six ecclésiastiques de son diocèse qui s'étant élevés à main armée contre les sergents royaux et les collecteurs des subsides, les avaient fort maltraités et avaient refusé de contribuer à ces impositions. Le comte de Poitiers les condamna à six cents livres d'amende, applicables en partie et à titre de compensation au sergent Aireau qui avait eu le bras gauche cassé dans la bagarre, déclara légitimement confisqués tous les biens que le sénéchal de Carcassonne avait saisis sur eux et leur donna main-levée des autres qui n'avaient pas été saisis. Il révoqua la sentence d'exil pour neuf ans que le même sénéchal avait prononcée contre l'évêque ; et il fut dit que la sentence d'excommunication, que ce prélat avait lancée contre le sénéchal et les autres officiers royaux, serait levée par l'autorité commune du for ecclésiastique et du for sécu-

(1) *Petite chronique de France ou de St-Denis.*

lier, par l'archevêque de Bourges et par le chancelier. » (1)

« Pierre I, évêque de Castres, était le successeur d'Etienne de Abavo. Le 21 septembre 1359, il donna à Raimond Saysse, habitant de Castres, la permission de fonder sur l'Agoût, aux environs de cette ville, une chartreuse qui prit le nom de Saïx ou de Beauvoir. Cette permission est datée de Lacaze, une belle maison de campagne que les évêques possédaient à une petite distance de Castres, sur la rive gauche de l'Agoût. » (2)

Cependant la captivité du roi avait produit de très grands désordres dans l'Etat. Les subsides imposés n'étaient pas payés à cause de l'epuisement du peuple. Les gens d'armes qu'on avait levés, ne recevant pas de solde, se débandèrent et se mirent à piller le pays sous différents chefs qu'ils se choisirent. Tels furent les commencements de ces fameuses compagnies de routiers, qui commirent tant de ravages en France et en particulier dans le Languedoc.

1360. — Le traité de Brétigny fut signé le 8 mai 1360. La France cédait à l'Angleterre, le Poitou, la Saintonge, l'Agenais, le Périgord, le Limousin, le Querci, l'Angoumois et le Rouergue. La rançon du roi fut fixée à trois millions d'écus d'or dont six cent mille payables immédiatement et quatre cent mille tous les ans, pendant six ans. Le royaume acheva de s'épuiser pour satisfaire à la rançon du

(1) Dom Vaissète.

(2) Ibid.

roi Jean. La noblesse de la sénéchaussée de Carcassonne convint de payer le dixième de ses revenus pour sa part du premier acompte et les communes de cette sénéchaussée fournirent pour la leur 90.000 moutons d'or. Le clergé de la province de Languedoc ainsi que celui du reste du royaume s'obligea à une double décime. (1)

Parmi les établissements religieux, le couvent de saint François de Castres se fit remarquer par son dévouement et sa générosité : « Il vendit la meilleure partie de ses possessions et de son argenterie, et assembla en une somme quarante mille livres qui furent apportées par le gardien du couvent au dauphin Charles. Entr'autres pièces de terre qui furent vendues, il y avait une métairie située à main droite du chemin qui va de la porte de l'Albinque à l'église de St-Jean. Cette métairie s'étendait jusqu'à la rivière et comprenait plusieurs champs et de grandes prairies dont une a retenu le nom de *Prat das Fraïres*, à cause de telles charités du couvent de St-François.» (2)

1361. — Les routiers commettent de grands désordres en Albigeois. Cette même année la peste éclate en Languedoc et y fait de très grands ravages, de même que dans le reste du royaume.

Jean, comte de Vendôme et de Castres, conseiller du roi, convoque à Carcassonne et ensuite à Béziers les communes des sénéchaussées de Toulouse et de Carcassonne. L'assemblée décide de

(1) Dom Vaissète.

(2) Frère Alexandre Doumayron. — Edition Clavel.

donner au roi, pendant six ans, cent mille florins d'or.

1364. - Le roi Jean, étant repassé en Angleterre, pour y terminer avec le roi Edouard certaines difficultés qui s'opposaient à l'entière exécution du traité de Brétigny, mourut à Londres le 8 avril. Il laissait le royaume épuisé de ressources et désolé par les ravages continuels qu'y exerçaient une infinité de brigands. Son fils Charles V lui succéda. Un des premiers actes du nouveau roi fut de nommer le duc d'Anjou, son frère, son lieutenant-général en Languedoc. Le duc d'Anjou, était doué de qualités brillantes; il était brave, éloquent, affable, généreux. Mais son goût pour la magnificence et ses vues ambitieuses le portèrent à accabler d'impôts les peuples commis à ses soins et déjà épuisés par tant de maux. (1)

Le 31 mai 1364, fut élevé au siège épiscopal de Castres Raimond de Sainte-Gemme. Il avait été auparavant doyen de l'église collégiale de Burlats. Le nécrologe des chartreux de Castres fait mention de sa mort dans les termes suivants : « Le 5 décembre 1374, mourut Raimond de Sainte-Gemme, évêque de Castres. Il avait donné mille florins pour commencer notre église et voulait la consacrer solennellement ; mais il fut prévenu par la mort. »

1366. — « Jean VI, comte de Vendôme et de Castres, mourut à Montpellier et fut inhumé aux Jacobins de Castres. Il s'était acquis une grande considération par la douceur de son gouvernement et

(1) Dom Vaissète

par les franchises et libertés qu'il accorda aux habitants de Castres. Son fils Bouchard, 7e du nom, lui succéda dans les deux comtés, sous la tutelle de Jeanne de Ponthieu, sa mère. Etant devenu majeur, il rendit hommage au roi pour le comté de Castres, en la personne du duc d'Anjou, son lieutenant en Languedoc. » (1)

---

(1) Dom Vaissète

CHAPITRE X

Consuls de Castres. (1) — *Comtes de Castres de la maison de Bourbon : Jean I, comte de la Marche et de Castres. — Le duc d'Anjou, gouverneur général du Languedoc.*

1373—1380

1373

Consuls : Me PIERRE MARQUIER.
GUILLEM CHABBERT.
PIERRE COLOM.
JEAN GUOSI.

Les consuls prêtent serment devant les gens de la cour du còmte, le lendemain du jour de l'an *(lo sendema de annou)*. Le même jour, les consuls nouveaux sont présentés par leurs prédécesseurs à M. l'Official, comme vicaire de l'Evêque, ét lui prêtent aussi serment.

— Vincent Calmettes et P. de Lestap sont députés par leurs collègues du conseil pour présider à la réparation du Pont-Neuf, lequel est en mauvais état. (*aol estat*).

1 mars. — Le duc d'Anjou a convoqué les communes des trois sénéchaussées (Toulouse, Carcassonne, Beaucaire). La ville de Castres délègue à cette assemblée pour la représenter le consul Jean

(1) Archives de Castres.

Guosi. Les communes de la sénéchaussée de Carcassonne, dont Castres faisait partie, s'engagent à payer au duc d'Anjou quatre francs par feu pour la continuation de la guerre.

31 mars. — Les préposés de la draperie (*pararia*) Jean Chabbert, Jean Mourut et Vésian Cerieys sont installés dans leurs fonctions. Ils jurent de s'y comporter bien et loyalement (*de be e lialmen se aver en lart de la pararia*) et de rendre bon compte de leur administration.

2 avril. — Publication est faite de toutes les ordonnances qui ont été édictées par les seigneurs consuls, du temps de Monseigneur Jean, comte de Vendôme, touchant la toilette des dames (*larnes de las donas*) et la façon des robes (*e sobre las portaduras de las raubas*). On publie également l'ordonnance sur les filleuls et les filleules:

L'ordonnance somptuaire sur la toilette des dames date de 1357 ; elle fut donnée par la comtesse de Vendôme pendant la captivité du roi Jean et de son mari, et se justifie pleinement par le malheur des temps ; elle n'avait pas cessé d'être opportune en 1373 :

« De par Madame la comtesse de Vendôme et de Castres, on porte à la connaissance du public les ordonnances faites par les seigneurs consuls du dit lieu, de l'avis de leur conseil, lesquelles sont telles :

« Premièrement, qu'aucune dame de la dite ville de Castres ou de la banlieue, de quelque condition qu'elle soit, n'ose dores en avant porter sur sa tête ou sa robe aucune parure, où il y ait de l'or, de l'argent ou des perles, des boutons d'ambre ou de cristal, à moins qu'elle ne soit femme de chevalier, de docteur ès-lois ou en décrets, ou femme du sénéchal ou du juge de la comtesse, sous peine de soixante sous tournois applicables à la cour, et de confiscation de la parure qui sera donnée pour l'amour de Dieu à la volonté des consuls.

« Item, qu'aucune dame demeurant à Castres ou dans la banlieue, de quelque condition qu'elle soit, n'ose à l'avenir porter une robe garnie de fourrures de menu vair, si elle n'est femme de chevalier de docteur ès-lois ou en décrets ; celles qui ont de telles robes doivent les dégarnir dans le délai de huit jours, sous peine de soixante sous applicables à la cour et les fourrures saisies seront données pour l'amour de Dieu à la volonté des seigneurs consuls. » (1)

L'ordonnance sur les filleuls et les filleules avait pour but d'empêcher les excès de dépenses qui se produisaient à l'occasion de la naissance et du baptême des enfants :

« Qu'aucun habitant de Castres ou de la banlieue, homme ou femme, ne donne pour étrenne à son filleul ou à sa filleule plus de cinq sous tournois petits, sous peine de soixante sous tournois applicables à la cour.

« Item, qu'aucune dame de Castres ne se permette de visiter une nouvelle accouchée, soit le dimanche, soit un jour de fête ou quelque jour que ce soit, à

---

(1) *Revue du département du Tarn. T. I.* Traduction de M. E. Jolibois.

moins que l'accouchée ne soit malade. Nulle autre personne que les mères, les cousines germaines ou issues de germaines, les commères des enfants nouveaux-nés ou les plus proches voisines, ne peut visiter les nouvelles accouchées dans les six premiers jours, sous peine de vingt sous tournois.

« Item, qu'aucune nouvelle accouchée ne fasse don et étrenne de fogassets et de vin à personne autre qu'à son compère et à sa commère, sous peine de vingt sous tournois applicables à la cour. » (1)

31 mai. — Un débat s'est élevé entre les consuls de Castres et ceux de Burlats, au sujet des confronts et limites des deux consulats. Une conférence a lieu à Lézert pour accorder le différend. A cette conférence assistent, outre les consuls sus-désignés, M. Alric de Méjanel, bachelier ès-lois, juge du comté de Castres, noble Pierre Raimond de Monbrun, seigneur de Burlats, et, par procureur, noble Marguerite, dame de Malras.

14 juin. — La cour spirituelle de Monseigneur de Castres a fait emprisonner un valet (*macip*) de la vicomtesse de Labruguière. Cette dame par manière de revanche (*marca*) a fait saisir et mettre en prison à Labruguière Jacques Pinet, habitant de Castres. Avant que la ville s'entremette pour la défense de cet homme, il convient que les consuls aillent trouver Monseigneur de Castres, afin qu'il réclame le prisonnier à la cour de Lavaur. (Labruguière dépendait alors du diocèse de Lavaur). L'é-

(1) *Revue du département du Tarn. T. I.* Traduction de M. E. Jolibois.

vêque et sa cour ont été injuriés ; il leur appartient de poursuivre la réparation de cette injure.

— Le conseil décide d'accorder seize francs aux Frères Prêcheurs (*prezicadors*,) pour les aider à supporter les frais du chapitre provincial de leur ordre, qui se doit tenir à Castres prochainement.

9 juillet. — Les consuls Jean Guosi et P. Colom sont revenus de Toulouse, où ils étaient allés pour assister à la fête donnée par Philippe Bone à l'occasion de sa licence. (Philippe était le fils de Bernard Bone, juge criminel de Carcassonne, dont nous avons parlé.) Ils ont fait présent au dit Philippe, au nom de la ville de Castres, de six marcs d'argent en vaisselle blanche (*vaycela blanqua*). Ils font aussi mention qu'ils se sont engagés par billet (*ab carta*) pour la quote-part de la ville dans le subside de quatre francs par feu imposé au mois de mars. Ils demandent à être personnellement garantis (*guirenetsats*) des suites de l'engagement et que la ville pourvoie au paiement de la somme pour le terme fixé. En suite de ces observations, le conseil ordonne la levée de vingt quêtes (*quistas*) sur les habitants de Castres.

Il est présumable que dans le calcul des contributions, le montant, 91 livres, de la quête du Seigneur servait d'unité ; et que, quand on parle de dix ou de vingt quêtes, il s'agit de la levée d'une somme égale à 10 ou 20 fois 91 livres.

12 décembre. — Les Anglais ont fait une descente à Calais sous la conduite du duc de Lancastre. Le bruit s'est répandu que ce prince a l'intention de porter ses armes dans le midi de la France et d'y renouveler les dévastations que le prince de Galles y fit en 1355. Sous le coup de cette alarme, le sénéchal de Carcassonne ordonne, entr'autres préparatifs de résistance, de mettre en état de défense les villes et les châteaux.

Il s'agissait à Castres de perfectionner toute l'enceinte qui était défectueuse et notamment du côté de Villegoudou, où la ville n'était défendue que par une ligne de palissades. Le conseil décida qu'on emploierait l'hiver à entourer Villegoudou d'un fossé, malgré la grande dépense qui en résulterait, parce qu'il fallait le creuser dans le roc, — et que, le beau temps venu, on élèverait une muraille à la place des palissades.

31 décembre. — Le conseil alloue à Guillem Balestra pour l'office de la capitainerie de Castres, qu'il a rempli pendant l'année 1373, trente francs d'or.

Il décide qu'il sera fait remise aux *quatre ménétriers* du montant des quêtes qu'ils doivent pour la présente année ; car ils font service continuel à la ville et à l'église.

1374

Consuls : Guillem BALESTRA.
Jean CHABBERT.
P. GARDET.
P. de PALHAROLS.

Lesquels seigneurs consuls prêtèrent serment, le 2 de janvier, entre les mains de Me Guillem del Batut, lieutenant de M. Alric de Méjanel, juge du comté de Castres, en la forme accoutumée. Le même jour, les consuls prêtèrent serment entre les mains de M. Bernard Trulhas, chanoine de Burlats, recteur de St-Martin de Lodiers et vicaire de Monseigneur de Castres, dont acte fut retenu par Me Simon Monclar pour les consuls et par Me Raimond Barbut pour le monastère de St Benoit de Castres (*per la part del monastier de san Benazec de Castras*). On voit par là que l'évêque ne recevait pas comme tel le serment des consuls, mais comme président du chapitre et représentant la personne de l'ancien abbé.

4 janvier. — Le conseil nomme pour trésorier de la ville Vincent Calmettes, pour capitaine Guillem Balestra et désigne comme *bastriniers als cops de Purgatori* Bernard Alba, P. Pinet, Jean Austri et Raimond dels Plas.

Il y avait à Castres plusieurs chapellenies fondées en faveur des âmes du purgatoire. Les titulaires de ces chapellenies vivaient sur le produit des fondations attachées à chacune d'elles et de plus prenaient leur part de collectes sur les grains (*coup*), qui avaient lieu chaque année à des époques déterminées et qui se faisaient à dos de bêtes de somme. De là, à ce que nous supposons, le nom de *bastriniers* donné aux personnes chargées de recueillir ces redevances.

16 janvier. — Dix quêtes sont votées pour réparations à la clôture de la ville. Cette clôture est très défectueuse et pourrait occasionner de grands périls (*en la cal ha mots defauts dels cals se poyrian provenir gran re de perilhs*). Le conseil émet le vœu que les clercs contribuent à ces dix quêtes.

10 février. — Les dix quêtes précédemment ordonnées ne sont pas suffisantes pour terminer les réparations des murs de la ville. Nouvelle imposition de dix quêtes.

17 février. — La dame de Donzenac, sœur de notre seigneur le Pape et tante (*amda*) de Monseigneur de Castres, vient d'arriver à Castres où elle est venue prendre sa résidence dans la maison de l'officialité. La ville lui fait présent de quatre torches de cire d'une livre chaque, de six livres de confitures (*coffimens*) et de quatre livres de *doblos* (sans doute quelqu'autre espèce de friandise).

La dame de Donzenac était la sœur du pape Grégoire XI, lequel était fils de Guillaume, comte de Beaufort en Vallée et neveu du pape Clément VI; il était né au château de Maumont dans le Limousin.

L'évêque de Castres dont il est ici question est Elie de Donzenac, que nous trouvons installé comme tel à Castres dans le courant de l'année 1374. Il avait succédé à Raimond de Sainte-Gemme. Si la date que donne du décès de ce dernier, 5 décembre 1374, le nécrologe des chartreux de Castres, est exacte, il faut croire que Raimond avait résigné son siège auparavant.

Elie de Donzenac était issu de la noble et antique famille des Ventadours du Limousin ; il était fils d'Ebbon de Ventadour et de Galliene, fille de Gérard de Malemort, seigneur du château de Donzenac, situé entre Brives et Userche.

3 mars. — Mr Guillabert de Massac fait accord avec la ville pour lui et ses enfants d'être exempts de tous impôts, moyennant deux francs qu'il paiera à la ville annuellement. Et cet abonnement vaudra pour le temps pendant lequel ses enfants feront leurs études (*estaran en estudi*) et pour les biens actuels du dit Guillabert dans le consulat de Castres.

Cependant la province de Languedoc était ravagée par des troupes de brigands qui la parcouraient dans tous les sens. Le duc d'Anjou rassembla une forte armée pour les combattre et en donna le commandement au connétable Duguesclin. Quant à lui, il demeura à Toulouse pendant le mois d'avril et convoqua dans cette ville les communes de la province, qui lui accordèrent deux francs d'or par feu. La ville de Castres était représentée dans cette assemblée par le consul Jean Chabert. Celui-ci trouva sans doute la charge trop lourde pour lui seul ; car la ville lui envoya son collègue P. Gardet pour le réconforter et lui faire compagnie (*per far a luy solas e companhia*).

Pendant ce temps, le connétable Duguesclin chasse du Bas Languedoc les compagnies. Ces brigands avaient fait de grands dégâts, principalement dans les environs de Montpellier.

Le duc d'Anjou revint à Toulouse dans le mois de juin. Il y convoqua de nouveau les communes de la province, qui lui accordèrent trois francs d'or par feu pour la guerre. Les consuls Jean Chabert et Guillem Balestra représentaient la ville de Castres dans cette assemblée.

16 août. — La récolte a été des plus mauvaises. Les consuls interdisent la sortie du blé. Cependant, comme cette prohibition pourrait avoir de fâcheuses conséquences pour l'approvisionnement de la ville en autres denrées et marchandises, le conseil décide que toutes les personnes de deux lieues à l'entour, qui ont coutume de fréquenter les marchés de Castres, seront autorisées à y prendre une petite quantité de blé en échange des denrées qu'elles y apporteront. Ainsi tout marchand qui porte à Castres une charge (*saumada*) d'huile est autorisé à rapporter chez lui un setier de blé. Celui qui vient avec une charge de sel peut s'en retourner avec une *eya* de blé. Le charretier d'Anglés qui descend à Castres avec une charretée de planches ou de chevrons (*carrada de postam ho de fustalha*) a permission pour un setier de blé.

23 août. – Monseigneur Elie de Ventadour, évêque de Castres, est présentement en cette ville. Quelques membres du conseil pensent que ce sera chose honnête de lui faire un don, si la ville en peut supporter la dépense (*si la vila ho pogues sufferlar*).

Le conseil, ayant égard à la pauvreté (*paubrieyra*) de la ville, et ne voulant pas induire celle-ci à la coutume de donner, ni l'assujétir à des soumissions dont elle a la franchise (*per que la vila no sia en sosmissio ni en subjeccio daquo de que es franqua*), décide qu'il ne se a pas fait de présent à Monseigneur l'Évêque.

18 septembre. — Le conseil forme le projet d'envoyer une députation au roi pour lui expliquer la grande pauvreté et indigence du peuple de Castres, qui n'a pas de blé de quoi passer l'année, afin qu'il lui plaise de remettre une partie du subside de trois francs par feu qui a été ordonné récemment.

30 octobre. — Par délibération du conseil, les consuls devront visiter la ville, quartier par quartier, et faire des recherches dans les maisons pour connaitre ceux des habitants qui ont du blé par delà leur provision (*de sobras*). Les gens qui n'en ont pas en quantité suffisante seront contraints d'en acheter, avant qu'il ne prenne plus grand prix, à ceux qui en ont de trop, soit sur leurs ressources disponibles (*cabal*), soit en engageant une partie de leurs biens (*possessori*). Quant aux pauvres, il leur sera fait des distributions sur le blé que la ville pourra se procurer.

28 novembre. — M. Alric de Méjanel, juge de Castres, est sur le point de prendre ses grades de licencié et de docteur à Montpellier. Il sera obligé, à l'occasion de sa promotion, de donner une fête (*far sa festa*). Mais cette fête sera pour lui trop dispendieuse (*somptuosa*). Il demande que la ville lui fasse telle aide qu'elle pourra, sans se mettre à la gène (*bonamen*). Il fut délibéré que, attendu la grande nécessité et pauvreté de la ville et du bon peuple (*bona gen*), lequel manque (*deffalh*) de blé et des choses les plus nécessaires, la ville ne pourra lui accorder que vingt francs.

13 décembre. — Sur les trois francs par feu, un franc a déjà été payé. Le duc d'Anjou fait grâce au comté du quart de ce qui reste, c'est-à-dire d'un demi-franc, à condition que la dette entière soit payée dans le courant du présent mois de décembre.

31 décembre. — Remise est faite des quêtes qu'ils doivent aux quatre ménétriers : Subra Jorda,

Johan Panhagua, Garrigas et Bernard Isarn ; car ils rendent service à la ville et à l'église et sont pauvres (*personnas miserablas*).

— Jean Saïsse et P. de Palharols se sont donné beaucoup de peine (*se destriguero*), étant à Avignon, afin d'obtenir de Messire le Pape des lettres d'indulgence pour la ville et l'évêché. Le conseil leur accorde quatre francs de rémunération.

1375

Consuls : Jean CABRIOL.
André SABATIER.
Vincent PAGUA.
Pierre GUIBERT.

Le comte Bouchard VII de Vendôme étant mort sans enfants, le comté de Castres passe à Catherine sa sœur, épouse de Jean I de Bourbon, comte de la Marche.

23 janvier. — Les gens de la cour de M. le Comte de la Marche empruntent de l'argent aux marchands de la ville. Les uns leur prêtent de gré, les autres contraints par la force. En certaines occasions, les gens de la cour ont envahi des maisons et enfoncé des coffres (*trencadas arquas*). Il est à craindre que cela ne tourne à l'oppression de la ville et du bon peuple.

Le comte de la Marche avait eu recours à ce genre d'emprunt (*adempre*), pour racheter (*desbarguar*) certaines de ses terres de France qu'il avait été obligé d'engager. Le conseil, considérant que c'est la première fois que le comte de la Marche a recours à l'emprunt forcé, qu'il importe de ne pas lui témoigner de mauvaise volonté, à cause des grands dommages (*gran dan*) qui pourraient en résulter, décide de lui prêter trois cents francs, à la condition que ses gens ne molesteront plus les marchands de la ville.

23 février. — Le consul Sabatier et Guillem Balestra sont députés en France auprès du roi, afin d'obtenir de lui la réduction du nombre des feux attribué au comté de Castres et par suite une diminution proportionnelle des subsides payés par ledit comté. En effet, les maux de toute nature dont ce siècle fut affligé et en particulier la famine des années 1374, 1375 et la mortalité, qui en fut la suite, dépeuplèrent tellement le comté de Castres, que de 2619 feux qu'il comptait en 1370, il tomba à n'en plus compter que 771 en 1388. C'est-à-dire; qu'il avait subi une diminution de plus des deux tiers dans le nombre des feux. « On appelait feu non pas un ménage ou une habitation en général, mais seulement une famille qui avait au moins dix livres tournois de revenu (1). »

29 mars. — Les consuls continuent de prendre des mesures contre la disette ; ce qui donne lieu à l'ordonnance suivante : « Que toute personne de Castres qui a blé pour vendre en dehors de sa provision ait à le bailler aux seigneurs consuls ; et que ceux-ci prennent tout le blé qu'ils trouveront et le

---

(1) Dom Vaissète.

mettent en tas (*en un mon*) pour la provision du commun et de la gent pauvre. » Le prix des grains ainsi réquisitionnés par les consuls était fixé de la manière suivante : un setier de blé, six florins ; un de seigle, cinq florins ; un d'avoine, trois florins, un de mil, cinq florins. La provision de blé par personne fut fixée à un setier jusqu'à la Saint-Jean, c'est-à-dire jusqu'à la nouvelle récolte.

16 avril. — La famine n'était pas le seul fléau contre lequel il fallut se prémunir. Le pays était toujours menacé des incursions des compagnies de routiers. C'est pourquoi on réorganise à Castres le service du guet, et on nomme des cinquanteniers chargés de convoquer et de commander les hommes de garde.

22 mai. Cependant la récolte ayant pris les plus belles apparences, la sécurité revient peu à peu et les consuls lèvent la prohibition qu'ils avaient faite de la sortie des grains.

« Le duc d'Anjou convoqua à Villeneuve-d'Avignon, au mois de juillet, les communes des trois sénéchaussées de Toulouse, Carcassonne et Beaucaire, et leur représenta que les rois de France et d'Angleterre ayant conclu une trêve, il était à propos de veiller à la sûreté et à la défense des frontières de la province, de faire sortir de celle-ci les compagnies qui la ravageaient et de n'en pas permettre l'entrée à d'autres. L'assemblée après avoir délibéré sur la proposition de ce prince, convint, vu la pauvreté où le pays était réduit, d'offrir pour toute l'année un subside de deux francs par *feu réparé* (c'est à-dire après vérification du nombre des feux). Le duc d'Anjou s'engagea moyennant ce subside, à défendre la province pendant un an à ses dépens et à entretenir pour cela un nombre suffisant de gens d'armes. » (1) Une trêve était presqu'aussi dangereuse pour le pays que l'état de guerre, parce qu'un grand nombre de gens d'armes, après leur licenciement, allaient grossir les compagnies de routiers ou en formaient de nouvelles.

4 août. — Jacquemart Claret, Benoit de Chiparel, le bâtard de Landorre, le Noir de Valence, tous quatre chefs de routiers, sont en cantonnement *(alocjadis)* à Dourgne avec leurs hommes. Ils écrivent de là aux consuls de Castres qu'ils ne doivent rien redouter d'eux ni de leurs compagnies. Le conseil auquel cette lettre est communiquée et qui comprend qu'il serait dangereux de ne pas encourager ces dispositions pacifiques, décide que la ville fera auxdits capitaines tous les services qu'elle pourra (*tots los plazers que poyran*), afin d'éviter plus grand coût et plus grand dommage *(major cost e major dam)*.

21 août. — Les consuls font défense aux portiers de la ville d'ouvrir les portes, de jour et de nuit, sans que les gens préposés à la garde de ces portes soient présents, ou du moins la plus grande partie d'entr'eux.

19 octobre. — M. Bernard Bone, juge criminel de Carcassonne, doit faire les obsèques de sa femme (*far honor a sa molher)* au monastère des Dames

(1) Dom Vaissète.

de la Salvetat. Il invite les consuls à assister à la cérémonie.

— Le seigneur Huc Boffart a prêté et prête tous les jours à la ville ; les consuls sont autorisés à lui faire tel présent qu'ils jugeront convenable.

21 décembre. — La ville n'a encore rien donné à Monseigneur l'Evêque. Les consuls lui feront présent de huit torches de cire de trois livres la pièce, de huit livres de *dobblos* et de huit livres de confitures (*coffimens*).

— Le conseil décide que les armoiries de M. le comte de la Marche se feront de peinture bonne et belle sur la porte de l'Albinque ; car les gens de sa cour le désirent.

— Il n'est pas hors de propos de marquer ici l'origine de deux illustres familles du pays castrais : la famille de Bonnes, descendant de Bernard Bone, co seigneur d'Hautpoul et juge criminel de la sénéchaussée de Carcassonne ; la famille de Bouffard, descendant de Huc ou Hugues Boffart, riche bourgeois qui, dans les moments difficiles, ouvrait généreusement sa bourse à sa ville natale.

— En 1373, furent faites les *estimes* (ou évaluation) des biens meubles et immeubles des habitants de Castres pour servir à l'assiette de l'impôt. Nous avons ainsi quelques renseignements sur la fortune des principales familles du pays. Huc Boffart avait 3600 livres, Guillem Balestra 3500, Jean Guosi 3000, Jean de Palharols 2500.

1376

Consuls : Guillem de THORENA.
Vincent BARRAU.
Bernard BONHOMME.
Bernard del ESTAP.

4 janvier. — Le conseil décide que les consuls auront des robes bonnes et honorables (*hondradas*). La robe des consuls était faite de deux cannes de drad pers (bleu foncé) d'Anvers, et de cinq cannes de drap rouge, soit garance de Malines, soit rosade de Bruxelles.

21 janvier. — On dit que le médecin (*metge*) aux gages de la ville se fait payer pour inspecter les urines des gens (*pren deniers de las orinas*), et qu'il va s'absenter pendant quelques jours pour faire de la médecine au dehors. S'il en est ainsi, qu'on lui ôte sa pension.

23 janvier. — Les consuls sont fort en peine pour payer au trésorier royal de Carcassonne 651 francs, reste des deux francs par feu ordonnés à Villeneuve-d'Avignon. Ils ne savent comment se gouverner pour ne pas être obligés d'aller tenir les arrêts à Carcassonne, comme ils ont déjà fait (ou leurs prédécesseurs) pendant dix-sept jours (*que no calha que arreyre ano tener arrest a Carcassonna, ayssi cum an fag per lo temps de 17 jorns*).

— Les consuls de Castres, réunis dans la salle capitulaire des Frères Prêcheurs (*en lo capitol dels presicadors*), présentent à M. Alric de Méjanel, juge du comté de Castres assisté de Me Miquel Mosso, procureur dudit comté, Guillem Balestra pour être capitaine de la cité (*ciudad*) de Castres pendant l'année courante, lequel Guillem Balestra jure de se bien conduire et loyalement en ledit office.

8 février. — Les gens du conseil du duc d'Anjou, de concert avec le comte d'Armagnac, ont traité avec les compagnies des routiers, lesquels consentent à quitter le pays, moyennant une grosse somme d'argent (*alcuna grossa soma de moneda*) ; et ils entendent que la jugerie d'Albi et le comté de Castres payent une partie de cette somme. Guillem de Thorena et P. Amblart sont députés pour aller à Toulouse, avec mission de ne s'engager que pour la part à payer par la ville de Castres, à cause de la désunion qui existe entre cette ville et le reste du comté.

12 février. — M. le vicaire de la Platé demande pour cette église une belle et bonne cloche (*un bo senh gros e honorable*) ; car l'église de la Platé est l'église paroissiale de Castres. Les consuls députeront certaines personnes par quartier pour recueillir étain, cuivre et deniers et tout ce qu'elles pourront amasser (*acampar*), afin que la cloche se puisse faire.

22 février. — Guillem de Thorena et P. Amblart sont revenus de Salenches, où ils avaient été députés pour assister aux obsèques (*a la honor*) de la mère de M. le comte de Foix. Le corps de cette dame avait été transporté de Bolbone à Salenches ; et là Guillem de Thorena et P. Amblart ont *posé*, au nom de la ville un drap d'or et vingt torches.

21 mars. — Comme on redoute que la guerre entre Foix et Armagnac (une vieille querelle de famille) ne s'aggrave (*ane ad avan*) et que, par suite des hostilités, le pays castrais ne soit empêché de lever la récolte, il est décidé que le blé ne pourra sortir de Castres, si ce n'est en très petite quantité, et ce, au profit des marchands qui portent en cette ville huile, sel et autres denrées. En même temps, on règle le service de la garde des portes et des murailles.

— Quelques amis de Jean d'Escroux exposent que ce dernier veut venir résider à Castres, en sa qualité de gouverneur de la terre (du comté) pour M. de la Marche. Ils proposent qu'on lui donne quelque chose en blé et en vin, de quoi il se puisse soutenir (*de que se pogues sostener*). On décide que, vu la pauvreté de la commune, on ne peut lui faire aucun *plaisir*.

12 avril. — Tous veulent que la ville et la terre fassent, du mieux qu'elles pourront, des présents de vivres aux capitaines qui sont pour le comte d'Armagnac à Villefranche d'Albigeois et aux environs. Mais que tout ceci se fasse aussi secrètement que possible, afin de ne pas s'attirer l'inimitié des compagnies et des gens d'armes du comte de Foix, qui sont aussi dans le pays.

— Plein pouvoir est donné au seigneur consul Guillem de Thoréna pour traiter avec les gens du conseil de Monseigneur de Castres et faire en sorte que le clergé (*clercia*) donne quelque aide et subvention à la ville tant pour la clôture (*clausura*) que pour uatres causes de dépense. Et en cas que la ville puisse obtenir aide de quatre cents francs, Guillem de Thoréna est autorisé à gratifier Monseigneur de Castres et autres de son conseil qu'il jugera à propos jusqu'à la somme de cent francs.

18 avril. — Les consuls *se tireront* vers Monseigneur de Castres pour le supplier qu'il veuille bien permettre pour le bien commun, que les chapelains veillent avec l'autre bonne gent de la ville. Et, obtenue la licence de l'Evêque, quatre chapelains veilleront chaque nuit avec une lanterne du côté de Villegoudou (*Villagodor*).

4 juin. — Les gens du conseil de M. de la Marche ont ordonné de lever un quart de florin par feu pour l'entretien de vingt-cinq hommes d'armes pendant un mois, pour la garde du pays. La ville se refuse à payer sa quote-part de cet impôt, parcequ'elle n'a pas été appelée à le consentir.

Voilà un conflit ouvert entre la ville et M. le comte de la Marche. Celui-ci riposte en interdisant sur sa terre la levée des deniers royaux, moyen assuré d'exposer la ville aux tracasseries des officiers du roi et de lui mettre sur les bras une méchante affaire. Aussi le conseil revient bien vite à des sentiments plus doux et ordonne que la ville donne et serve à Jean d'Escroux, gouverneur du comté, et au bâtard de Lespinasse, châtelain (*castela*) de Roquecourbe, jusqu'à quarante francs en vaisselle ou autrement, afin qu'ils s'emploient auprès du comte à apaiser ce différend.

30 juin. — La ville accorde dix francs aux Seigneurs moines de St Benoit (*morgues*) pour les aider à la réparation qu'ils veulent faire au moulin. Car, par la grande poussée (*cargue*) du mur de la ville, ledit moulin prend dommage.

— Les consuls recommandent au choix du prieur des Prédicateurs et de ses frères, pour conseiller de la Ste Inquisition, Me Pelfort de Malhorgas ; car il est bon homme (*bos home*) et savant en droit (*savis en dreg*). S'il veulent le faire nommer, la ville leur en saura grand gré. Autrement, elle les privera de la chapellenie du purgatoire, qu'ils tiennent d'elle, et de tous autres profits qu'elle leur fait avoir tous les jours.

— Le duc d'Anjou assemble au Pont-Saint-Esprit, au commencement du mois d'août, les communes des trois sénéchaussées de la province, qui lui accordent un subside de deux francs par feu.

19 septembre. — Les consuls sont chargés par le conseil de requérir Monseigneur l'Evêque et ses officiers de faire en sorte que la fête de Saint Vincent, martyr, c'est-à-dire la fête de l'arrivée à Castres des reliques de Monseigneur saint Vincent, soit désormais célébrée et chômée par le peuple de Castres de tous métiers (*de totas hobras*). Car saint Vincent est le patron de Castres.

27 septembre. — M. le Juge de Castres et les autres gens de la cour requièrent les consuls de lever dix ou douze lances et vingt sergents à cheval pour défendre le comté de Castres et obvier aux maux et pertes, que menacent de lui infliger Guillem Ebrard, capitaine de Lescure, P. de Galart, capitaine de Giroussens et quelques autres compagnies. Les susdits capitaines prétendent que les gens du comté leur ont tué des hommes et des chevaux ; ils disent que si on ne leur fait pas réparation (*emenda*), ils ravageront (*dampnificaran*) Castres et la terre.

16 novembre. — Le consul Guillem de Thoréna et Simon de Monclar ont déjà été détenus à Carcassonne par ordre du trésorier royal, parce que la ville de Castres n'a point achevé le paiement du dernier subside de deux francs par feu. Si la ville ne trouve pas les fonds nécessaires, Guillem de Thoréna et son compagnon sont obligés de revenir à Carcassonne pour reprendre leurs arrêts.

— Les trois sénéchaussées de la province s'assemblent à Toulouse au mois de décembre et accordent au duc d'Anjou un nouveau subside de deux francs par feu.

1377

Consuls : Huc BOFFART.
Raimond HUC.
Jacques PLIMA.
P. de LESTAP.

14 février. — La ville et le comté sont en butte aux menaces d'un chef de routiers nommé Guilhonet de Malerequète, lequel les rend responsables de l'évasion d'un sien prisonnier, Guibert Davidon. Guilhonet, pour ne pas laisser de doute sur ses intentions de représailles (*marca*), a déjà fait prisonniers deux habitants de Lacaune. Il exige pour leur rançon trois cents francs à payer dans un très bref délai, sinon il fera *marque* sur toutes gens du comté de Castres, qu'il pourra atteindre.

Pour éviter plus grands maux et scandales (*escandols*), la ville de Castres prêtera cent francs ; les deux prisonniers de Lacaune feront avance des autres deux cents ; mais Guibert Davidon restera débiteur de la somme entière.

18 avril. — Le conseil ordonne la levée de quarante quêtes, afin de payer les dettes de la ville, qui se montent à trois mille livres. Les collecteurs recevront huit deniers par livre.

13 mai. — Les Frères-Prêcheurs veulent établir une horloge dans le clocher de St-Vincent et demandent à se servir pour donner l'heure de la cloche de la ville, qui est audit clocher. Le conseil leur accorde leur demande, mais à la condition que le prieur du couvent et ses frères s'engageront en chapitre à prendre à leur compte les frais d'entretien et de service de l'horloge ; et que d'ailleurs la cloche continuera, comme par le passé, à pouvoir se mettre en branle (*banceiar*) en cas de nécessité, tels que feu et orage (*auratge de temps*).

22 juillet. — Le comte d'Armagnac est dans l'intention et sur le point de venir à Castres ; il s'agit d'un voyage d'agrément ou de santé (*per causa de recreacio de son corps*). Mais, aujourd'hui même, Jean d'Escroux, gouverneur de la terre de Castres, a fait savoir par lettre aux gens de la cour du Seigneur que M. de la Marche doit être à Castres à la fin du présent mois avec ses compagnies et ses gens d'armes. Le conseil décide que les consuls se transporteront auprès des gens du conseil de M. de la Marche, afin que ceux-ci écrivent à la cour du comte d'Armagnac que M. de la Marche doit arriver à Castres, sous peu, avec beaucoup de monde *(grans gens)*, et que sa maison et beaucoup d'autres lui seraient nécessaires. Enfin, les consuls prieront les gens du conseil de M. de la Marche de vouloir bien s'employer à dissuader, le plus courtoisement qu'il se pourra *(al pus belamen que hom poyra)*, M. le comte d'Armagnac de venir à Castres.

23 juillet. — Lorsque M. de la Marche viendra à Castres, qu'il soit bien reçu et honorablement et qu'on lui fasse tout l'honneur et le bien qu'on pourra, comme à notre seigneur naturel. Mais dans le cas où M. d'Armagnac viendrait avec des gens d'armes, qu'il n'entre pas, si ce n'est avec peu de gens et connus ; que les seigneurs consuls ne se trouvent pas à son entrée et pour cause.

Il y a dans cette froideur, que la ville témoigne à l'égard du comte d'Armagnac, plus que le désir naturel de s'épargner les frais de séjour, toujours très coûteux, d'un grand seigneur ; il y a aussi méfiance et, sans doute, le souvenir amer de quelque injure reçue.

Cependant les circonstances étaient devenues des plus favorables pour recommencer la guerre avec l'Angleterre et rompre la trêve conclue en 1375. Edouard III, roi d'Angleterre, était mort dans le mois de juin et avait laissé pour successeur Richard II, âgé seulement de onze ans. Le roi de France, Charles V était trop habile pour ne pas profiter de cette conjoncture. Il fit équiper une flotte qui porta la désolation sur les côtes d'Angleterre.

De son côté, le duc d'Anjou, accompagné du connétable Duguesclin, porta ses armes en Guienne et y fit de très grands progrès. Par une lettre écrite aux consuls de Castres, il annonçait qu'il venait de réduire plus de soixante forteresses notables (*fortalessas notablas*). La conclusion de cette lettre était la demande, pour le mois d'octobre, d'un nouveau subside de deux francs par feu. « Les sénéchaussées de Toulouse et de Beaucaire l'avaient déjà consenti ; il ne convenait pas que celle de Carcassonne restât en arrière. »

3 novembre. — Le comte de la Marche avait envoyé à Castres des réformateurs pour remédier aux abus dont ses officiers se rendaient coupables, principalement dans l'administration de la justice. Les consuls, accompagnés de leur conseil et de plusieurs habitants notables de la ville, portent leurs doléances devant ces réformateurs et les prient d'ordonner aux officiers du comte d'observer à l'avenir les prescriptions suivantes :

Que d'ayssi avan neguna persona nativa ni habitan de la vila de Castras, per negun crim ni per negun quas que aian comes, no sian tirats ni bostats fora del ordinari de Castras ; car contra forma de dreg es.

Que désormais aucune personne native de Castres, ni aucun habitant de cette ville ne puissent, quelque crime ou méfait qu'ils aient commis, être soustraits à *l'ordinaire* de Castres ; car cela est contre forme de droit.

Car M. de la Marcha es ayssi be poyssans de punir tot home, que comes aia, a Castras, coma si le transporta a Lombers, a Rocacorba, ni per los autres locs. Car, los temps passats, s'en son

Car M. de la Marche est tout aussi puissant pour punir un coupable à Castres, que s'il le fait transporter à Lombers, à Roquecourbe ou en d'autres lieux.

exceguits mots escandols.

Il est résulté de cette pratique, les temps passés, de grands scandales.

E que als digs senhors plassa pruvesir sos ayssi, per tal guïsa que no calha que al senhor sobira ne deia hom aver recors; car trop ne es estat mal usat, los temps passats, de motas personas de Castras, coma fo d'en Arman de Thorena que fo negat de nhueg, den Johan Ysarn que fo negat de nhueg, d'en P. Suau peyrier que lo fe hom pesseiar a la cara de que morit; Mᵉ Guillem de Brossa que fo gitat de Castras e menat bas Lombers et aqui fe comporto de bas la cort; A de Palharols que fo negat de nhueg senes tota sentencia; Jacme Paga que fo pendut portan lo badalhol al quays e pueys fo despendut; Johan Melot e M autres senhors.

Et qu'il plaise aux dits Seigneurs (réformateurs) de pourvoir à ceci de telle sorte, qu'on ne soit pas obligé d'avoir recours au Seigneur souverain; car on en a trop mal usé, les temps passés, à l'égard de beaucoup de personnes de Castres, telles que: Armand de Thozène, qui fut noyé de nuit; Jean Izarn qui fut noyé de nuit; Pierre Suau, tailleur de pierres, qui mourut par suite des mutilations qu'on lui fit à la face; Mᵉ Guillem de Brosse, qui fut jeté hors de Castres, mené à Lombers et là *fe comporto de bas la cort* (?); A de Palharols, qui fut noyé de nuit, sans aucune sentence; Jacques Paga, qui fut pendu, le baillon aux dents, et puis dépendu; Jean Melot et mille autres seigneurs.

Item. Que lor expliquo que, d'ayssi avan, tota persona de Castras que aura comes crim, per que deia penre justicia corporal, que aia a penre lo intramen que deura publicamen a la Tor Caudieyra, passan per las carrieyras drechas acostumadas, ayssi co es estat acostumat, los temps passats.

Item. Que les réformateurs expliquent aux officiers du comte que toute personne de Castres, qui aura commis un crime entraînant justice corporelle, que cette personne doit faire son entrée publiquement à la Tour Caudière et y être conduite par les rues droites accoutumées ainsi qu'il était d'usage au temps passé.

Cette énergique remontrance des consuls revendique le droit primordial des accusés d'être appelés devant leurs juges naturels, et proteste contre des actes de clandestinité qui avaient entaché la justice du seigneur. Nous y apprenons que la noyade était alors le genre du supplice le plus habituellement employé pour la punition des criminels.

1378. — Le duc d'Anjou convoqua à Toulouse, au mois de mars, une nouvelle assemblée des communes des trois sénéchaussées du Languedoc, qui consentirent à lui accorder pour la guerre, pendant six mois, la levée du dixième sur le vin, la farine, la viande de boucherie et les autres denrées vendues en gros et en détail. L'assemblée accorda de plus au duc et à la duchesse d'Anjou la permission de lever pendant un an, pour l'entretien de leur hôtel, la gabelle sur le sel à leur profit; après quoi cette gabelle devait finir entièrement. (1)

Le duc d'Anjou fit un voyage à Montpellier et convoqua dans cette ville, vers le milieu du mois de mai, les communes des sénéchaussées de Carcassonne et de Beaucaire et leur demanda de nouveaux subsides pour la guerre.

1379. — « Pendant une absence que fit le duc d'Anjou, les gens de son conseil assemblèrent les communes de la province et les engagèrent à lui accorder douze francs d'or par feu pour une année, savoir un franc d'or par mois, sous prétexte de défendre le pays contre l'invasion des Anglais et con-

(1) Dom Vaissète.

tre les courses des brigands, qui y occupaient diverses places, et d'amasser de quoi fournir à l'expédition de Guienne que ce prince méditait. Mais son but principal était de s'enrichir aux dépens des peuples. Les officiers du duc d'Anjou rencontrèrent de grandes difficultés pour la levée d'un subside si exorbitant, dans une province désolée par les fléaux de la guerre et de la famine et épuisée par les subsides précédents. Tous ces maux y avaient causé tant de ravages que les trois sénéchaussées étaient alors réduites à environ trente mille feux, tandis que trente ans auparavant elles en contenaient près de cent mille. (1)

Le roi et le duc d'Anjou, voyant ces difficultés, envoyèrent des commissaires dans les villes, afin de les engager à consentir à la levée du subside. Les commissaires ainsi que la plupart des officiers du duc d'Anjou furent massacrés à Montpellier dans une émeute fomentée par les consuls de cette ville.

Le duc d'Anjou revint en toute hâte dans la province et exerça sur les habitants de Montpellier une vengeance éclatante. Il fit périr les plus coupables dans divers supplices et fit peser sur les habitants de telles contributions, qu'elles équivalaient presque à la confiscation de leurs biens.

1380. — Cependant la situation du duc d'Anjou n'était plus tenable au milieu de peuples qu'il avait si longtemps et si durement pressurés. Le roi le rappela auprès de lui et nomma à sa place, comme

(1) Dom Vaissète.

gouverneur du Languedoc, le connétable Duguesclin. Celui-ci s'employa immédiatement à combattre plusieurs compagnies de routiers qui s'étaient reformées et s'étaient saisies de divers châteaux en Limousin, en Auvergne et sur les frontières du Languedoc. Le connétable, s'étant emparé du château de Challiers, en Auvergne, alla mettre le siège devant Château-Neuf-de-Randan, qui lui opposa une vigoureuse résistance. Duguesclin tomba dangereusement malade devant cette place et, se voyant sur le point de mourir, il la fit sommer de se rendre. Le gouverneur qui n'avait plus aucune espérance de secours, apporta les clefs de la place dans la tente du connétable. L'intrépide Duguesclin mourut peu d'instants après.

Quant au duc d'Anjou, étant devenu roi des Deux-Siciles à la mort de la reine Jeanne qui l'avait adopté et déclaré son héritier, il partit en 1382 pour aller prendre possession de son royaume et en chasser son concurrent Charles de Duras. Mais son expédition ne fut pas heureuse ; et il mourut près de Bari en 1384. Il légua par son testament cinquante mille francs à distribuer aux églises, aux hôpitaux et aux pauvres du Languedoc, en réparation des exactions qu'il avait exercées dans cette province pendant le temps de son gouvernement. (1)

---

(1) Dom Vaissète.

CHAPITRE XI

Consuls de Castres (suite). (1) *Le duc de Berri gouverneur général du Languedoc*

1380 — 1390

« Le gouvernement de Languedoc étant devenu vacant tant par le rappel du duc d'Anjou que par la mort du connétable, le roi proposa à son conseil Gaston-Phœbus, comte de Foix, pour remplir cette place, comme étant très propre à pacifier les esprits des peuples de cette province, extrêmement irrités des subsides dont le duc d'Anjou les avait chargés sans mesure. Tous les princes du sang, accoutumés à posséder ce riche gouvernement, s'opposèrent à cette nomination ; mais le roi passa outre nonobstant leur avis contraire, et nomma le comte de Foix son lieutenant en Languedoc. « En quoi, dit un historien contemporain, il fit un choix digne du nom de Sage qu'il a si bien mérité. Car, outre que ce comte était un homme fort juste, il était un des premiers et des plus braves capitaines de son temps et ne le cédait en aucune qualité à tous les autres barons. Il gouverna le pays avec beaucoup de prudence et avec la bonne grâce et l'amour des peuples. » (2)

---

(1) Archives de Castres.

(2) Dom Vaissète.

Le roi Charles V ne survécut pas longtemps à cette nomination ; il mourut à Vincennes, le 16 septembre 1380. Charles VI, son fils aîné, lui succéda, n'étant encore âgé que de douze ans. La France tomba sous la domination avide des oncles du nouveau roi. Le duc de Berri eut pour sa part le gouvernement du Languedoc. Son administration ne fut pas moins funeste à cette province que celle de son frère le duc d'Anjou.

Le comte de Foix, irrité par l'injustice dont il était victime, prit le parti de la résistance et, appuyé sur les sentiments unanimes de fidélité et d'attachement que le pays lui avait voués, il se maintint dans son gouvernement. Ayant assemblé un corps de troupes, il surprit, près de Rabastens en Albigeois, un grand nombre de routiers et de brigands, les défit et fit pendre ou noyer dans le Tarn plus de quatre cents prisonniers qu'il avait ramassés. Guillaume de Rabastens, vicomte de Paulin, avec qui le comte de Foix s'était ligué, enrôla un grand nombre de gens d'armes, parmi lesquels on distinguait Pauco de Lantar et le bâtard de Ramefort, et fit avec eux la guerre aux partisans du duc de Berri. Philippe de Vénès, vicomte de Lautrec, fut aussi un des principaux auxiliaires du comte de Foix.

Le duc de Berri, étant arrivé dans la province, se mit à la tête des troupes que le comte d'Armagnac, son beau-frère, lui avait préparées. Le choc entre les forces des deux compétiteurs eut lieu dans la plaine de Revel, le 15 juillet 1381. Le duc de Berri fut défait, mis en fuite et perdit trois cents hommes de ses troupes.

La paix entre le duc de Berri et le comte de Foix

fut faite à Capestan, vers la fin de décembre 1381, par l'entremise du cardinal d'Amiens, délégué du pape Clément VII. Un historien contemporain reconnait « que la générosité seule du comte de Foix termina le grand différend qu'il avait avec le duc de Berri, touchant le gouvernement du Languedoc. Il eut pitié, ajoute-t-il, du dégât du pays pour sa querelle particulière. Il voulut joindre à l'honneur d'avoir vaincu le duc, celui d'avoir donné la paix à sa patrie. Il traita avec lui sous de bonnes assurances et le mit volontiers en possession de son gouvernement. » (1)

S'il faut en croire l'annaliste du couvent de St-François de Castres, Frère Alexandre Doumayron, ce fut à Castres que les deux antagonistes scellèrent leur réconciliation : « Le comte Gaston-Phœbus de Foix, partant du château de Lautrec, et Jean, duc de Berri, venant de Carcassonne, se rendirent tous deux à même temps au couvent des Frères-Mineurs de Castres. Ils se rencontrèrent dans une salle du dit couvent et là ils s'entrebaisèrent... Encore y a-t-il une chose notable pour ce couvent de Castres, c'est que pendant que le duc de Berri et le comte de Foix étaient ensemble en ladite salle du couvent, la suite de l'un et de l'autre étant dehors en la prairie des frères, il advint que les chevaux étant proches, un qui était vicieux et ruant se détacha et se prit à courre dans le pré et donna un coup de pied à un Frère-Mineur, qui s'entretenait avec un gentilhomme du duc, et l'atteignit si rudement à l'estomac qu'il tomba à terre raide mort... Le duc

(1) Dom Vaissète.

de Berri et le comte de Foix, oyant un moult haut cri, estimèrent que leurs gens se démenaient en armes ; à cette cause coururent-ils au pré, où trouvant le Frère-Mineur mort, le duc et le comte en menèrent grand deuil et donnèrent de leurs biens au couvent pour tel dommage. »

1382

Consuls : GUILLEM BALESTRA.
PONS ROUDIL.
PIERRE GUARDET.
JEAN QUOC.

2 janvier. — Le Conseil décide que des sentinelles (*badas*) seront placées en observation sur les hauteurs de Monfanet, de Puechauriol et de Montazen, afin d'éviter toute surprise de la part des Anglais, qui occupent le château de Janes. Les consuls écriront à M. de la Marche au sujet des dommages que peuvent infliger à son comté les susdits Anglais.

8 janvier. — Le sénéchal de Carcassonne a écrit aux gens de la cour de Castres de faire publier dans le comté que tout bétail gros ou petit soit mis à l'abri dans les lieux fortifiés, afin que les ennemis qui occupent Thuriès n'en puissent profiter. Les consuls prient M. le juge de vouloir bien différer cette publication, à cause de la difficulté qu'il y aurait à soigner (*perrigir*) le bétail ainsi renfermé.

— Bertrand de Barèges est à Castres. Pierre de Lautrec et lui préparent une expédition contre les Anglais de Janes ; ils demandent que la ville leur vienne en aide. Sur l'observation de M. le juge, qui fait remarquer qu'ils seraient bien capables de prendre de force ce qu'on ne leur donnerait pas de bon gré, le conseil leur accorde à chacun quatre pipes de vin.

25 *janvier*. — Le duc de Berri a envoyé une lettre close, par laquelle il annonce qu'il convoque les communes auprès de lui, à Béziers, pour la fin du présent mois.

« Les états des trois sénéchaussées se réunirent en effet à Béziers, afin de pourvoir à la sûreté du pays. Les états accordèrent au duc de Berri un franc et demi par feu. La levée de cette imposition rencontra de grandes difficultés. Les peuples de la province se mutinèrent de toutes parts ; ce qui donna l'origine aux *Tuchins* ou *Coquins*, qui s'élevèrent en 1382 dans une grande partie de la France, mais surtout dans les sénéchaussées de Beaucaire, Carcassonne et Toulouse. C'étaient en grande partie des paysans ou gens de la campagne qui s'associèrent sous divers chefs et qui, réduits au désespoir par l'excès des subsides, s'armèrent contre les officiers du roi et les gens riches et aisés, leur firent une guerre implacable, pillèrent leurs maisons, les massacrèrent impitoyablement partout où ils purent les trouver et commirent une infinité de désordres. » (1)

Plusieurs villes, telles que Carcassonne, Narbonne, Limoux refusèrent de contribuer au subside qui avait été ordonné à Béziers. Les consuls de Car-

(1) Dom Vaissète.

cassonne déclarèrent qu'ils ne donneraient rien, pas même un *petit denier*. Il n'est pas douteux que Castres n'ait suivi ces exemples de rebellion. Cette ville appuyait la sienne sur la défense faite par M. de la Marche aux communes de son comté de contribuer à ce subside sans sa permission. Elle expia plus tard par une lourde amende cet acte de révolte.

5 février. — Plusieurs habitants se plaignent de ce que leur tour de service pour la garde des portes de la ville revient trop souvent. Ils se trouvent lésés (*greugats*) et s'irritent (*se rancuro*) de passe-droits commis à leur détriment. Ce fut sans doute alors, ou dans de semblables circonstances, que fut écrite et présentée au conseil de la ville la supplique suivante des habitants de Villegoudou (*Vilagodor*):

Als mots honorables e savis senhors, los senhors cossols de Castras e a lor honorable cosselh.

Supplico humilmen los habitans de la guacha de Vilagodor que, coma lo noble et gran senhor, Mossenhor Johan comte de Vendomes et de Castras, cui Diaus absolva, una am los senhors cossols que adonc eron, aion ordenat que a la partida de Vilagodor sian dos portas ubertas tot jorn, exceptat en temps de perilhs ; e per la garda daquelas fosso ordenadas certas personas de Castras, so es a saber de cascum cap de pon certa quantitat; et aquelas

Aux très honorables et savants seigneurs, les seigneurs consuls de Castres et à leur honorable conseil.

Supplient humblement les habitants de la gacho de Villegoudou: attendu que le noble et grand seigneur, Monseigneur Jean comte de Vendôme et de Castres, que Dieu absolve, et les seigneurs consuls, qui lors étaient, ordonnèrent que, dans la partie de Villegoudou, il y aurait deux portes toujours ouvertes, excepté en temps de péril, et que la garde de *de presen aio los dits senhors cossols am lo capitani de Castras bostadas de la dicha garda et en autra part trans mudadas.*

ces portes serait faite par un certain nombre de personnes prises de chaque côté du pont. Attendu que, contrairement à cette ordonnance, les consuls et le capitaine de Castres ont récemment distrait de cette garde les habitants du côté de Castres et les ont mis ailleurs.

Supplico humilmen que las dichas personas ordenadas, lo temps passat, per la dicha garda, aquelas restituir e tornar; e las dichas ordensas, fachas per los dits senhors passats, tener e observar en tal manieyra, que los dits habitans no sia necessari aver recors a maior.

Supplient humblement que les personnes ordonnées au temps passé pour la dite garde y soient restituées et rétablies, et que les ordonnances faites par les dits seigneurs soient tenues et observées, en telle sorte qu'il ne soit pas nécessaire pour les dits habitants d'avoir recours à l'autorité supérieure.

Il résulte de ce document que la population. de Villegoudou n'était pas alors assez nombreuse pour suffire à la garde des portes Narbonnaise et Sainte-Foi et qu'elle avait besoin d'y être aidée par les gens de Castres. On peut y voir aussi quelques marques du souvenir reconnaissant qu'avaient laissé à Castres les bienfaits du *noble* et *grand* seigneur Jean VI, comte de Vendôme et de Castres.

— Le boucher Guiraud Servolas fait une supplique, pour que les consuls et leur conseil veuillent bien le rétablir à la boucherie *(masel)* de la ville d'où il a été exclu *(foragitat)* l'an passé, pour avoir vendu de mauvaise viande. Le conseil décide que le dit

Servolas ayant fait quelque pénitence (*penedenssa*) de sa faute (*colpa*), les consuls le rétabliront au masel, pourvu qu'il donne des garanties (*fermensas*) suffisantes de s'y conduire suivant la teneur du serment auquel les maseliers sont astreints.

La pétition du boucher Guiraud n'oublie aucune des considérations capables de toucher les *savants* et *honorables* consuls et leur *vénérable* conseil auxquels elle est adressée :

..... Coma lo dig Guiraud sia home paubre e sia cargat de molher e de tres enfans que lo maior no ha cinq ans; et el no aia autre mestier ni autra art de gasanhar de que puesca gasanhar per si e per sa molher e per sos enfans avidar e lors vidas sustentar, seno que ho fassa ab lo mestier de maselier.

..... Que le dit Guiraud est homme pauvre, chargé de femme et de trois enfants dont le plus grand n'a pas cinq ans; qu'il n'a pas d'autre métier pour les faire vivre que celui de maselier.

En per amor d'aysso, lo dig Guiraud, vostre sosmes e vostra creatura, humilmen suplica et prega vos digs senhors cossols e vostre cosselh que, per la misericordia de Nostre Senhor Dieu Jhesu Crist, vos denhe e vos plassa de pardonar al dig Guiraud e de far a lui gracia special que el puesca, ab vostra licencia e de vostre permes, tornar talhar en lo dig masel de Castras, e en aquel talhar, tener e vendre bonas carns e sufficiens... Autramen es en via de mendicar.

Pour l'amour de ceci, le dit Guiraud, votre sujet et votre créature, humblement prie et supplie vous, seigneurs consuls, et votre conseil que, par la miséricorde de Notre Seigneur Dieu Jésus-Christ, il vous plaise de daigner lui pardonner et lui faire cette grâce spéciale qu'il puisse, avec votre licence et de votre permission, revenir tailler (de la viande) au masel de Castres, et là tenir et vendre des chairs bonnes et suffisantes... Autrement il est en voie de mendier.

3 mars. — Guillem de Thoréna a été envoyé par la ville à Réalmont, afin de s'entendre avec les délégués des communes du comté de Castres et de la viguerie d'Albi sur les moyens à employer pour arrêter les incursions des Anglais de Janes. Il fut décidé dans cette assemblée que le pays ferait une levée de soixante lances ou hommes d'armes, que vingt de ces hommes d'armes seraient à la charge de l'église et des nobles *(la glieya et els gentils)* et que les quarante autres seraient payés par les communes.

L'expédition devait durer jusqu'au dimanche de Quasimodo *(Pasquetas)*. Les soixante lances seraient réparties de la manière suivante : vingt à Moncouyoul sous le commandement de M. de Vénès, vingt à Sénégas, sous celui de Jean d'Escroux et autant à Fauch sous les ordres de Bertrand de Barèges.

Les capitaines devaient jurer de ne pas faire fausse montre (de ne pas tromper sur l'effectif des troupes) ; les hommes d'armes — de ne pas quitter leur poste jusqu'au terme fixé de *Pasquetas*, de ne rien prendre au détriment des habitants, excepté la paille et le foin. Si on fait des prisonniers, ils seront mis en lieu sûr, à moins qu'il n'y ait lieu de les échanger avec les soldats *(asaudadats)* du pays qui auraient été pris par l'ennemi.

5 mai. — La ville est en pourparlers avec le comte de Foix représenté par Emeric de Roquefort, seigneur de la Pomarède. Des gens du pays de Foix, faisant partie de ces compagnies qui pillent le pays *(rauban el pays)*, ont été tués à Castres. Le comte de Foix, bien que ces gens aient été tués hors de son service et de sa terre, exige une réparation. Eméric est à Saïx pour le moment ; il demande que dix ou douze personnes de Castres aillent à lui pour terminer l'affaire. Le conseil délègue pour aller à Saïx, auprès d'Eméric, le juge Jean de la Manhama, deux des consuls et les notables, Jean Guosi, Me Guillem Galaup, Guillem de Thoréna, P. Amblard (1), P. de Palharols, Jean Saïsse, François Bouffard, P. Colom. Ces envoyés ont pleins pouvoirs pour traiter d'une compensation pécuniaire ; qu'ils ne regardent pas à l'argent et que la ville se tire, sans mort d'homme, de cette fâcheuse aventure *(que, cum que sia, la vila escape sens morts d'omes)*.

14 mai. — Les envoyés ont rapporté de Saïx le traité suivant conclu avec le comte de Foix :

1° La ville s'engage à payer au comte de Foix, dans le délai de dix jours . . . . . . 1000 fr.

2° A ceux qui ont conduit la négociation pour le comte de Foix. . . . . 500 fr.

3° Pour mille messes que le comte de Foix veut faire chanter pour ceux qui ont été tués à Castres. . . . . 200 fr.

4° Le comte de Foix exige que six personnes notables de Castres aillent vers lui à Mazères, et jurent que ni elles, ni les autres bons hommes de Castres ne sont cause des dites morts et n'y ont consenti.

---

(1) La lettre initiale P représente Pierre ; par abréviation on prononçait Pé de Palharols, Pé Amblard, Pé Colom.

20 juillet. — Le vicomte de Montredon demande que la ville le secoure de gens et de vivres dans la lutte qu'il soutient contre les Anglais de Janes. Si elle ne le fait pas, il devient nécessaire que lui et sa terre fassent un pacte *(si appatue)* avec les dits Anglais. Pour éviter cette extrémité, la ville lui accorde quatre pipes de vin et dix setiers de froment. On ne peut le secourir de gens. Ceux qui sont en cette ville ont assez à faire de la garder. Si pourtant il devait conclure le pacte dont il parle, la ville ne lui donnerait rien.

23 juillet. — Il s'agit d'éviter que les blés et fruits qui sont sur le point d'être recueillis *(reculhidors)*, ne soient brûlés *(arces)* ou gâtés *(damnagats)* par les Anglais de Janes. Plusieurs moyens sont proposés, entr'autres d'offrir au connétable de Janes un coursier *(corssier)* de quatre-vingts francs, afin d'obtenir de lui quinze jours ou un mois de répit. On s'arrête à la résolution de soudoyer *(assaudada)* vingt bons sergents *(sirvens)*, pour garder dans la campagne environnante les gens occupés aux travaux de la moisson. En outre, quatre hommes seront mis en lieux convenables pour épier *(fasen espias)* et donner l'alarme, dans le cas où les ennemis viendraient.

16 août. — Pierre de Lautrec expose qu'il a été fait prisonnier et retenu comme tel pendant quelque temps par les Anglais de Janes, lesquels lui ont pris ses chevaux et son harnais de guerre *(sas cavalgaduras e son arnes)*, et qu'il n'a pas de quoi se remonter et se remettre en état.

Le conseil accorde cinquante francs à Pierre de

Lautrec, en considération de ce qu'il est bon et loyal gentilhomme et bon voisin, et afin qu'il soit d'autant mieux disposé *(volentos)* à défendre la ville.

Les Anglais de Janes étaient commandés par Pierre de Galart et ils tenaient Castres dans une inquiétude continuelle. Mais la ville n'avait pas moins à redouter des entreprises de Poco de Lantar qui, avec sa compagnie de routiers, occupait le château de Tersac. Un jour, les gens du Poco faisaient du dégât dans les environs de Castres et brûlaient les métairies. Un moine cordelier, du nom de Frère Bernard Roca témoin de ces actes de dévastation, se dévoue, va trouver le Poco et parvient à le toucher. Le Poco donne au bon frère cordelier son chapeau de castor *(capel de vibre)*, afin que le moine puisse avoir autorité sur ses gens et les porter à s'éloigner *(recessar)* et à se désister de leur funeste entreprise. Mais en route, Frère Bernard Roca tombe dans un gros d'Anglais qui lui enlèvent le chapeau de castor. De là, grande colère du Poco, qui rend la ville responsable de cet accident et lui réclame avec menaces, à titre d'indemnité pour son chapeau perdu, deux marcs d'argent ou trois cannes de drap. La ville s'exécute, sachant bien que les menaces du Poco ne resteraient pas vaines.

Vers le même temps, les gens de Castres furent mis en grand émoi à cause de paroles irritées que le comte d'Armagnac leur avait fait parvenir. Il avait dit qu'il les tenait en haine *(odi)*, parce qu'ils prenaient ouvertement contre lui le parti du comte de Foix. On envoie une députation au comte d'Armagnac pour l'apaiser et laver de cette accusation *(desencusar)* la ville et le comté de Castres.

31 décembre. — Vincent Barrau et Jean Tondeyre, fermiers de la pêche dans les fossés de l'Albinque (*bonda de l'Albinca*), n'ont pu jouir de leur droit ; car, à cause du péril imminent des ennemis, ils n'ont pas osé pêcher dans les dits fossés ; et même il leur a été interdit de les mettre à sec. Pour ces motifs, il leur est fait remise, pour l'année, du fermage qu'ils doivent à la ville.

1383

Consuls : Huc BOFFART.
Jacques BUGAREL.
Guillem ROQUE.
Jean GUIRAUD.

3 janvier. — Les consuls sont autorisés à placer des sentinelles (*badas*) sur le clocher de St-Vincent, s'ils le jugent à propos

Guillem Balestra est nommé capitaine de la ville pour un an, mais avec cette réserve que les consuls l'engageront à être plus rigoureux que d'habitude à remplir ses fonctions et à veiller à ce que des personnes étrangères à la ville ne soient pas de garde, la nuit, sur les remparts.

11 janvier. — Le sénéchal de Carcassonne, accompagné de personnes notables et de gens d'armes, doit venir à Castres pour la défense du pays, conformément aux décisions prises à Carcassonne par les gens des communes des trois sénéchaussées. Les consuls s'entendront avec les gens de la cour, afin que les hôteliers ne profitent pas de cette occasion pour renchérir l'avoine et le foin. Au cours actuel de l'avoine *(for de la civada)*, la livraison entière *livraso entieyra)* ne doit pas se payer plus de sept blancs et la demi-livraison plus de cinq.

5 février. — Une personne de la ville sollicite la place devenue vacante de conseiller de la Ste-Inquisition ; elle n'a pas d'autre but que de jouir du prilège d'exemption d'impôts qui est attaché à cet office. Guillem Balestra est invité *(assemprat)* à se mettre sur les rangs. Il déclare devant tout le conseil que, s'il est nommé, il ne se prévaudra pas du susdit privilège. Il plait à tous que Guillem Balestra soit présenté de préférence à tout autre.

25 février. — On nomme deux estimateurs par gache pour l'évaluation des biens immeubles *(possessori)* et meubles des habitants de la ville de Castres. Les biens meubles sont évalués d'après la valeur ci-après des animaux, grains et denrées diverses :

Froment, mossola, fèves, le setier	1/2 fr.
Seigle, orge, avoine, mil palmola, les trois setiers	1 fr.
Une charge grosse *(saumada graussa)* de vin par	1 fr. 1/2.
Un quintal de chair salée	2 fr. 1/2
Un marc d'argent blanc fin	5 fr.
Un bœuf de labour *(arayé?)*	6 fr.
Une vache de deux ans et plus	4 fr.
Un mouton de graisse *(de grays)*	1 florin.
Un mouton de champ *(de campo)*	8 grains

Chevaux *(rocis)*, juments *(eguas)*, poulains, à l'appréciation des estimateurs.

Le quintal de chardons et de roudou,	Idem.
Huile, sel, pastel,	Idem.

11 avril. — Les consuls sont chargés de faire réparer le ponceau du Gazel, à la Portanelle.

— Le chapelain de la confrérie de Notre-Dame est tout à fait insuffisant et de plus il passe tout son temps à la chasse *(e totjorn va cassar)*. Les consuls s'entendront avec les préposés de la confrérie pour lui donner un remplaçant.

—Les habitants d'Hauterive sont enquêtés et tourmentés *(trebalhats)* par la cour de Caucaillères, parce qu'ils usent de la liberté commune du bois de chauffage *(lenhas)*, en vertu du droit d'usage *(adempriu)* accordé par Jourdain de Sayssac dans ses bois situés de çà et de là la rivière du Thoré.

La ville, en tout ce qui touche la liberté commune, soutiendra les gens d'Hauterive et paiera les dépens qu'ils feront. En outre un homme avisé *(que o sapia ben far)* ira à Carcassonne parler à Bernard Bone des vexations que les gens de sa cour de Caucaillères infligent aux habitants d'Hauterive et du trouble qu'ils leur font subir dans la jouissance d'un droit qui leur appartient, en leur qualité d'habitants du consulat de Castres.

19 avril. — Les gens d'armes du Poco sont venus chevaucher devant Castres et ont emmené à Yersac des prisonniers et du bétail. Le Poco est toujours menaçant : il doit venir sous peu *(daqui breu)* placer des embuscades autour de Castres. La ville se décide à traiter avec lui et, par l'entremise d'Emeric de Roquefort, elle obtient composition moyennant la somme de mille francs.

11 juillet. — M. l'Official est venu au conseil supplier que la commune veuille bien venir en aide et donner quelque chose à Me Huc Colombier, maître en théologie et lecteur de la Bible *(légen la bibla)* en cette ville Les consuls assignent à Me Huc Colombier un secours sur les sommes qui sont levées présentement pour le Purgatoire et se recommandent à ses prières (*e que sia tengut de pregar Dieu*).

— Au milieu de tous les désordres qui affligeaient le midi de la France, l'autorité du duc de Berri était devenue purement nominale et le pays, qui s'était soustrait presqu'en entier à l'obéissance du roi, serait tombé dans un état complet d'anarchie, si une confédération ne s'était formée entre ses diverses parties. Cette ligue, qui prit le nom d'*Union* (*la unio*), comprenait les trois sénéchaussées du Languedoc, le Rouergue, le Velai et le Querci et avait à sa tête le comte d'Armagnac. Celui-ci mit en œuvre les ressources communes, soit pour expulser les brigands, soit pour les déterminer à abandonner, à prix d'argent, les places dont ils s'étaient rendus maîtres.

Mais cet état de choses n'aurait pu se prolonger sans grand dommage pour l'unité nationale. Aussi le roi Charles VI, après avoir pacifié Paris qui s'était soulevé et terminé la campagne des Flandres, résolut de rétablir son autorité dans le Languedoc. Il vint à Lyon, au commencement du mois d'août 1383, et y convoqua les communes de cette province. Il nomma des personnes de son conseil pour traiter avec elles et les engager à lever les aides accoutumées. Les communes consentirent d'accorder au roi divers subsides pour la continuation de la guerre. De plus, elles firent un traité avec les gens du roi, stipulant qu'elles seraient pardonnées de tous crimes et excès commis, depuis six ans, contre la personne du roi ou de son lieutenant le duc de Berri, moyennant le paiement d'une somme de huit cent mille francs d'or. Le roi se réservait de désigner certaines villes qui, en récompense de la fidélité qu'elles lui avaient gardée, seraient exemptes de contribuer au paiement de cette somme. (1)

La ville de Castres était représentée à cette assemblée par Jacques Bugarel, auquel il fut alloué pour ses frais de voyage un florin par jour. Le comté de Castres y avait délégué le bâtard de Lespinasse.

1er août. — Les trois sénéchaussées se sont engagées envers le comte d'Armagnac à lui payer vingt deux mille francs pour l'évacuation (*voga*) des lieux occupés par les Anglais. Afin que la ville puisse payer sa part plus facilement, les consuls se rendront auprès de Monseigneur de Castres pour obtenir de lui quelqu'aide de la part du clergé. En attendant, les consuls verront à trouver emprunt (*malleu*) auprès des bonnes gens de la ville. Bientôt les estimes seront finies et l'impôt, qui en sera la suite, servira à rembourser cet emprunt.

— Le foirail d'Ampare ne fait aucun service à la ville, non plus que la place d'Ardenne, près le rempart. Que tout se partage à parcelles (*a bels eyrals*) et se vende au plus offrant, à cause de la souffrance d'argent (*sofracha d'argen*) dont la ville est affligée présentement.

---

(1) Dom Vaissète.

22 septembre. — Le mardi 22 septembre de l'an 1383, mourut à Lacaze (*apud Casas*) le révérendissime père en Christ, évêque de Castres, de bonne mémoire, le seigneur Elie de Ventadour. Il fut enseveli, le lendemain, dans l'église de Castres. A ses obsèques furent présents Huc Boffart, Guillem Roqua, Jacques Bugarel et Jean Guiraud, consuls de Castres pour la présente année, lesquels posèrent (*posuerunt*) un drap d'or et quatre torches de cire, du poids total de vingt livres. Que son âme repose en paix.

5 octobre. — Le chevalier Jean Malaret est venu à Castres, à titre de régent-gouverneur du comté de Castres pour M. le comte de la Marche. La ville lui fait un présent de vin, de cire, d'avoine et de confitures.

19 octobre. — Le lieu de Lacaze, maison de campagne des évêques de Castres, est occupé, pendant la vacance de l'évêché, par les gens du monastère de Saint-Benoit (*monastier de San Benazec*), lesquels ne veulent permettre au gouverneur du comté de Castres d'y entrer et d'y mettre un capitaine et une garnison suffisante. Pourtant ce lieu a manqué d'être perdu par suite de la mauvaise garde qu'on y fait. De plus, il fait partie du comté de Castres et l'Evêque ni le monastère n'y ont justice haute ou basse. Cela étant, le chevalier-régent requiert les consuls de lui prêter secours, aide et assistance (*valensa*) contre toute personne qui voudrait lui en interdire l'entrée et l'empêcher d'y placer un capitaine et des gardes. En réponse à cette sommation, les consuls déclarent que, comme officiers de M. de la Marche et liés envers lui par le serment qu'ils lui ont prêté au jour de leur création, ils sont obligés de donner au seigneur régent, dans cette occasion et dans tout autre, l'aide légitime qu'ils lui doivent. Mais ils ont aussi prêté serment à l'Evêque et ne veulent pas préjudicier à cet engagement.

Cette réponse circonspecte des consuls fut agréable au seigneur régent. Elle fut donnée à la Tour-Caudière, les jour et an que dessus, en présence de M. Ysarn d'Hauterive, Guillem Balestra, P. Colom, Pons Roudil et de Me Simon de Monclar, notaire.

1384

Consuls : JEAN CHABBERT.
VESIA CERIEYS.
VINCENT PAGA.
P. DE PALHAROLS.

29 février. — Il est ordonné que, lors des réunions du conseil, les conseillers devront être rendus à la maison commune dès que la cloche de St-Benoît aura fini la sonnerie qui les appelle (*apres que la campana de san Benazey sera pausada*), sous peine d'une livre de chandelles de suif à payer par les retardataires pour chaque manquement, à moins qu'ils n'aient de justes motifs d'excuse.

P. de Palharols est nommé par le conseil capitaine de la ville.

8 mars. — La ville de Castres n'est pas comptée au nombre des villes qui, pour avoir conservé au roi leur obéissance et leur fidélité sont exemptées du paiement de l'amende des huit cent mille francs d'or. Elle est condamnée à payer pour sa part cinq mille francs d'or.

Sa désobéissance avait été, paraît-il, assez marquée ; le duc de Berri s'était présenté devant ses portes, accompagné de Philippe Bone, et on l'accusait d'avoir refusé de les lui ouvrir. La taxe d'Albi fut réduite à huit cent cinquante francs d'or, à cause de la pauvreté où les courses des Anglais des environs avaient réduit cette ville. Les habitants d'Albi n'étaient pas non plus sans reproche ; ils étaient accusés d'avoir favorisé les entreprises du fameux Bertrand de Lantar, dit le Poco, lequel occupait avec sa compagnie le château de Tersac à deux lieues d'Albi. Ils durent solliciter des lettres de rémission que le roi leur accorda au mois de janvier de cette année 1384.

12 mars. — Les gens d'armes de Paulin ne veulent faire l'évacuation *(boia)* de ce lieu, qu'on ne leur donne cent francs, en outre du franc par feu qui leur a été promis. La ville ne doit payer que le tiers de cette nouvelle dépense, les deux autres tiers étant à la charge du comté et de la viguerie d'Albi. Il ne faut pas qu'il tienne à cela qu'on ne les jette hors du pays.

15 avril. — M. Philippe Bone, licencié en lois, conseiller du roi, écrit aux consuls qu'il entend et veut se marier avec la dame de Marguerite, le 26 du présent mois. Il espère que la ville lui *fera honneur* dans cette circonstance. Le conseil décide qu'un des consuls ira à Beaucaire assister au mariage de M. Philippe et qu'il présentera à celui-ci, de la part de la ville et pour cause d'honneur (*honoris causa*) quatre marcs d'argent en vaisselle.

28 mai. — La ville de Castres éprouve un vif regret d'avoir été comptée au nombre des villes rebelles, regret rendu plus cuisant encore par la condamnation qu'elle subit d'une amende de cinq mille francs d'or. Elle fait de pressantes démarches auprès de M. le comte de la Marche, afin d'obtenir par son entremise d'être réhabilitée et pour que ses habitants ne soient plus appelés rebelles ni désobéissants, mais déclarés vrais (*verays*) et fidèles sujets du roi.

12 septembre. — Philippe de Lautrec, seigneur de Vénès, ayant repris possession du lieu de Janes, en trouve les murs de clôture en très mauvais état. Il supplie les consuls de Castres de lui venir en aide pour les réparations qu'il veut y faire. Il demande qu'on lui fournisse quinze charretées de chaux, ou bien quatre maçons qui seraient payés par la ville pendant un mois. La ville ne peut venir en aide au seigneur de Vénès, à cause des grandes charges qu'elle supporte.

26 septembre. — Le seigneur du Travet est venu signifier aux consuls de Castres de la part de M. Gauthier de Passat, capitaine général, que le dit capitaine est venu en toute hâte (*sobdamen*) à Curvale avec ses gens d'armes, pour s'opposer aux ennemis qui sont de nouveau (*areyré*) entrés dans ce lieu et se sont emparés du château. Le capitaine général a avec lui M. le Sénéchal de Carcassonne,

Jean d'Escroux et beaucoup d'autres. Il prie qu'on veuille bien le secourir de vivres.

Attendu que les seigneurs susnommés sont défenseurs et gouverneurs du pays pour le roi notre sire, la ville les pourvoit de pain, de vin et d'avoine.

4 octobre. Le consul P. de Palharols est allé au siège de Curvale. A son retour, il fait à ses collègues la relation de ce qui s'y est passé et de la réduction et délivrance de ce lieu.

11 novembre. — Les consuls donnent au bâtard de Lespinasse et à Guillem Mauri, écuyer de M. de la Marche, à chacun vingt francs, afin qu'ils fassent bon rapport à M. de la Marche de la parfaite obéissance de la ville et aussi de sa pauvreté (*paubrieyra*).

17 novembre. — M. Bernard Bone, juge criminel de Carcassonne, a mandé aux consuls qu'il marie son fils Pierre-Raimond, à la sainte Cécile, qui est le 22 de ce mois. Il les prie de lui *faire honneur*. M. Bernard Bone a toujours protégé la ville et cherché à lui être agréable; aussi les consuls donneront-ils à son fils quatre marcs en vaisselle blanche. P de Palharols, qui est personnellement (*per si metheys*) invité à la fête, est chargé de lui remettre ce présent.

30 décembre. — Du consentement des préposés du purgatoire (*sobrepausats dels cops de purgatori*), le maître en théologie des frères-prêcheurs (*prezicadors*) recevra pour l'amour de Dieu et comme honoraires des lectures qu'il fait en cette ville, douze francs pris sur les fonds du purgatoire.

—Un officier de la Tour-Caudière, nommé Bernard Courtois (*cortes*), justifie son nom par les honnêtetés et courtoisies, par les égards qu'il témoigne aux personnes que leurs affaires appellent à la Tour. La ville lui donne une gratification de deux francs.

1385

Consuls: Jean SAYSSE.
Guillem CHABERT.
Jean PLIMA.
Jean MORRUT.

30 mai. — Il se fait mauvaise garde (*aol garda*) au lieu de Curvale que tient en sa main Pierre de Lautrec. Ceci a été notifié aux gens de la cour, lesquels, de leur côté, requièrent les consuls d'y envoyer quelques arbalétriers pour huit jours, aux frais de la ville, de manière à éloigner tout péril. La ville répond que ce lieu n'est pas à M. de la Marche, mais à son vassal ; que si elle accordait cette demande, cela pourrait avoir pour elle de fâcheuses conséquences et tourner à sa sujétion ; que d'ailleurs la commune est en grande pauvreté. Pour ces motifs, la ville ne peut venir en aide à Pierre de Lautrec pour la garde de Curvale

20 juin. — M. Bernard Bone est en procès avec les gens d'Hautcrive sur l'affouage (*ademprtu*), qu'il leur conteste, dans les bois faisant partie de la juridiction de Caucaillères. Il offre de soumettre le litige à l'arbitrage de M. le juge de Castres et du procureur de M. de la Marche. La ville accepte, n'ayant aucun désir d'entrer en procès avec M. Bernard Bone, si elle peut s'en garder.

1ᵉʳ juillet. — Emeric Paga jeune et Pierre Guibert ont fait pêche dans la réserve (*deves*) de la rivière d'Agoût des seigneurs consuls, prenant le poisson qui était entre les filets et seines (*chesmas*) de ces derniers ; troublant leur pêche (*torban lor pesca*) et faisant ainsi injure à eux et à la ville. Les consuls prendront bon conseil de leur assesseur et feront en sorte, qu'il ne soit pas porté atteinte à l'honneur de la ville, et que ceux qui ont agi ainsi sachent qu'ils ont eu tort (*conosco lor colpa*).

Les consuls faisaient tous les ans une pêche dans l'Agoût, afin d'affirmer le droit qu'ils avaient, et qui était tombé en désuétude, d'affermer au profit de la ville, en tout ou en partie, la pêche de cette rivière. Ce droit leur était conféré par l'article suivant des privilèges de Castres :

« Item peuvent les susdits consuls faire auprès du fleuve d'Agoût *devèzes* sur la pesque (parties de rivière où la pêche est réservée), et icelle vendre ou arrenter perpétuellement ou à temps comme bon leur semblera. »

6 septembre. — Les consuls prêtent serment entre les mains du comte à leur entrée en fonctions. Ce serment a été déterminé en sa forme et teneur par le comte Jean de Vendôme ; mais la formule en a été modifiée depuis peu par le comte de la Marche. La ville demande que le premier serment soit rétabli.

— « Le duc de Berri assista à Toulouse, au mois d'octobre, à deux grandes cérémonies. L'une, qui se fit le 15, fut l'élévation des reliques de saint Sernin. Il offrit, à cette occasion, huit cents écus d'or, une chaine d'or garnie de pierres précieuses et deux pièces de drap d'or. Les seigneurs de sa suite firent des offrandes à proportion. L'autre cérémonie, célébrée le 22 octobre, fut la dédicace de l'église des Jacobins dont le duc fut parrain. Il fut témoin à Toulouse, le 11 janvier suivant, d'un duel qui s'y donna entre Arnaud de la Motte, écuyer, et Pierre de Lautrec. Il fit présent au premier d'un cheval pour se battre. » (1)

29 décembre. — Les seigneurs chapelains, qui sont ordonnés pour chanter (*per cantar*) dans la chapelle du purgatoire de l'église de St-Benoit, seront tenus désormais de réciter, chaque jour, l'office des morts. Chacun d'eux recevra pour cela un supplément de pension de trois francs. Le surveillant (*ponchayre*) de la chapelle sera augmenté de quatre francs. Toutes les absences seront pointées (*ponchadas*) par lui et entraîneront, à chaque fois, une amende de un blanc (*una blanca*).

---

(1) Dom Vaissète.

1386

Consuls : Guillem GARRET.
Jacques BUGAREL.
Jean MÉLO.
Jean GUIRAUT.

26 janvier. — La ville doit au roi de contributions arriérées deux mille francs, de plus elle a emprunté de divers marchands ou juifs (*jusieus*) de Montpellier, trois mille francs. De telle sorte qu'elle est en butte présentement aux tracasseries des commissaires royaux et des huissiers (*sirvens*). Pour sortir d'embarras, le conseil décide la levée de quarante quêtes.

4 juin. — Le bâtard de Lespinasse requiert les consuls, de la part de M. le comte de la Marche, de vouloir bien faire audit comte quelque aide pour soutenir son état de maison ; car il a dépensé de grandes sommes dans les guerres du roi, plus de vingt mille francs. Le bâtard demande et attend une prompte réponse.

Le conseil décide de gagner du temps et de faire une réponse dilatoire : que la chose est d'importance et mérite réflexion ; qu'aujourd'hui même le conseil n'a pu se réunir en nombre, tant à cause de la messe qui a été dite pour l'écuyer de......, que de la grande tribulation des maladies (*passius*) qui règnent présentement et de l'absence qu'elles occasionnent d'un grand nombre de personnes qui ont quitté la ville. Le bâtard est prié de vouloir bien prendre patience pour le moment.

5 novembre. — Les gens de la cour ont invité les seigneurs consuls de vouloir bien aider Madame de la Marche dans l'acquisition qu'elle entend faire du lieu d'Ambialet. Elle veut éviter par là que ce lieu ne tombe entre les mains de quelque autre grand seigneur, qui pourrait devenir un voisin incommode pour le comté. Le conseil est d'avis de différer à faire réponse ; car la majeure partie de Messieurs les marchands est présentement à la foire de Pézénas ; en leur absence on ne peut faire réponse d'oui ni de non (*doc ni de no*).

1387. — « Le comte d'Armagnac, capitaine général de la province, réunit à Rodez, en l'absence du duc de Berri, les états généraux du Languedoc et des pays voisins, pour ratifier un traité qu'il avait conclu avec les capitaines des compagnies. L'assemblée convint de donner aux Anglais, pour l'évacuation de toutes les places qu'ils occupaient dans ces pays, la somme de deux cent cinquante mille livres. Dans la répartition qui en fut faite, les trois sénéchaussées devaient payer trois francs et demi par feu, à raison de vingt trois mille feux. Cette somme devait être payée au mois de septembre, et par conséquent l'évacuation des places devait s'en suivre ; mais elle ne fut pas sitôt exécutée. » (1) On remarquera que, par suite du malheur des temps, la province du Languedoc, qui avait compté jusqu'à cent mille feux susceptibles de payer l'impôt, n'en comptait plus maintenant que vingt trois mille.

---

(1) Dom Vaissète.

1388. — « Le roi Charles VI, à son retour du pays de Gueldres, tint un grand conseil à Reims et résolut, en conséquence des délibérations qui y furent prises, de prendre le gouvernement du royaume. Les ducs de Berri et de Bourgogne, ses oncles, firent tous leurs efforts pour l'engager à changer de résolution ; mais il tint ferme. Les conseillers qui l'animaient contre ses oncles, furent puissamment secondés par un docteur en théologie, arrivé de Toulouse pour porter au pied du trône les doléances du Languedoc contre la tyrannie du duc de Berri. Cet homme courageux remplit sa mission en face du duc de Berri lui-même, et obtint du roi la promesse de visiter le Languedoc, afin de s'assurer par ses propres yeux de l'étendue des maux du pays. » (1)

1389. — Le roi Charles VI, étant sur son départ de Paris pour le Languedoc, donna audience aux députés de cette province et de celle de Guienne. Ils lui firent des représentations, à genoux et la larme à l'œil, sur l'état déplorable auquel l'avidité du duc de Berri et de ses ministres avait réduit le pays ; ce qui avait obligé plus de quarante mille personnes à le déserter pour se retirer en Aragon. Le roi, touché de leurs plaintes, promit de pourvoir à leur soulagement. » (2).

Le voyage du roi en Languedoc fut marqué par le supplice, à Toulouse, de Jean de Bétisac, secrétaire du duc de Berri. Bétisac fut trouvé coupable d'avoir réduit à la mendicité par ses extorsions une

(1) Dom Vaissète.
(2) Ibid.

infinité de familles, en sorte qu'il avait levé plus de trois millions de livres injustement sur le peuple et avait amassé par des moyens iniques des richesses immenses.

Le duc de Berri fut enfin destitué de son gouvernement vers Pâques de l'année suivante 1390.

CHAPITRE XII

Jacques de Bourbon, comte de la Marche et de Castres. — Bataille de Nicopolis. — Louis de Bourbon, comte de Vendôme.
1391 — 1399.

1391 (1)

Consuls : P. AMBLART.
P. VILHUI.
Michel PAGA, jeune.
Jean ALARI.

25 septembre. — Le comte de la Marche demande qu'on lui donne un franc *per beluga*, à l'occasion du mariage de sa fille ; car les pays de la Marche et de Vendôme l'ont offert et donné.

Le mot *beluga*, étincelle, est ici évidemment comme un diminutif du mot feu. Le subside demandé par le comte de la Marche devait-il s'étendre aux maisons qui n'étaient pas atteintes lorsque l'impôt était réparti par feux ? Ou bien les deux expressions sont-elles synonymes ? Je pose ces questions sans les résoudre.

Jean de Bourbon et Catherine de Vendôme, sa femme, eurent trois filles, Marie, Charlotte et Anne, Marie se maria contre le gré de ses parents ; il s'agit donc ici du mariage de l'une des deux autres, Charlotte ou Anne.

(1) Archives de Castres.

5*

5 octobre. — Les consuls prennent conseil de l'évêque, au sujet de la demande de M. le comte de la Marche. L'évêque convient que, de droit, la ville n'est pas tenue d'aider au mariage des filles du Seigneur. Cependant, comme il importe de ne pas encourir son inimitié, il sera prudent de faire avec lui le meilleur accord qu'on pourra.

L'évêque de Castres, dont il est ici parlé et qui conseilla si prudemment les consuls, est Jean, dit Engardus, dixième évêque de Castres. Il gouverna cette église jusqu'en l'année 1418, qui fut celle de sa mort. On lit de lui dans le livre des obits de la chartreuse de Castres : Jean Engardus, évêque de Castres, mourut le 27 mai. Il fit terminer le chevet de notre église et donna cent écus d'or pour les boiseries du chœur..... nous lui sommes redevables de beaucoup d'autres bienfaits.

27 octobre. — On s'arrête à la résolution d'offrir à M. le comte de la Marche trois cents francs d'or, mais avec toutes protestations qu'on n'entend pas par là créer une servitude pour la ville, et sous la réserve que ce don gracieux ne doit pas tirer à conséquence. On ajoutera à cette somme vingt-cinq ou trente francs à titre de cadeau pour Madame de la Marche et ses enfants.

3 novembre. — Il s'élève un débat entre le seigneurs de Gaïx et les consuls de Castres sur la question de savoir, si les habitants de Castres ont le droit de chasser la perdrix (*franquesia de cassar perdits*) sur la partie des terres de ce seigneur qui fait partie du consulat.

Le seigneur de Gaïx dénie aussi aux habitants tout droit d'herbage et aux consuls toute compétence de justice (*conoyssensa sus lo for*) dans ce même territoire.

13 décembre. — On publie l'ordonnance sur les femmes de mauvaise vie.

29 décembre. - Les fermiers des fours de la ville (*forniers*) demandent une diminution de leur loyer, à cause du grand préjudice que leur a causé la mortalité qui a régné, cette année.

Il fallait que la mortalité eût été bien grande en effet, pour amener une diminution notable dans la quantité de pain consommée.

— La province se vit délivrée en 1391 de la plupart des compagnies qui la désolaient depuis si longtemps. Jean III, comte d'Armagnac, les mena en Lombardie, au nombre de sept mille hommes, pour servir contre Galéas Visconti, duc de Milan.

Cette même année mourut Gaston-Phœbus, comte de Foix. Il fut extrêmement regretté tant de ses sujets que des étrangers, car il s'était rendu recommandable par sa valeur, sa sagesse, son affabilité et un grand nombre d'autres excellentes qualités qui lui attirèrent une estime universelle (1)

(1) Dom Vaissète.

1394

Consuls : François BOFFART.
Jean MATHIEU.
Jean RASCAS.
P. de PALHAROLS.

Le conseil décide que les consuls feront dire trois messes : une du Saint-Esprit, une de Notre-Dame et une autre des morts, « à l'honneur de Dieu et afin que le Seigneur Dieu nous induise à faire toutes bonnes besognes. » (*ad honor de Dieu e que nostre Senhor Dieu nos endusse a far totas bonas besonhas.*)

Indépendamment des préposés aux collectes pour les âmes du Purgatoire (*als cops ordenats per las armas de purgatori*), les consuls nomment un préposé pour recueillir les aumônes pour les pauvres honteux (*dels cops dels paubres vergonhoses*).

7 *février*. — Le sénéchal de Toulouse, sur lettres du roi notre sire, a imposé seize sous par feu aux trois sénéchaussées de Toulouse, Carcassonne et Beaucaire, pour l'évacuation (*voia*) et délivrance du lieu de Castel-Cullier en Agenais, occupé par les ennemis du pays de Languedoc. Les consuls de Carcassonne, Limoux, Narbonne, etc., en appellent au roi, le conseil est d'avis que les consuls de Castres imitent leur exemple.

Les communes de la sénéchaussée de Carcassonne firent en effet appel au roi et à son parlement. Les principaux motifs de leur appel étaient les suivants :

1° Que lorsque les ennemis occupaient diverses

places de la sénéchaussée de Carcassonne, telles que Janes, Curvale et Cabrières, les communes du pays avaient dépensé vingt mille francs d'or pour racheter ces places, sans que les sénéchaussées de Toulouse et d'Agenais eussent voulu y contribuer et sans que le roi les y eût contraintes.

2° L'extrême misère où le pays se trouvait réduit.

3° Que les communes n'avaient pas été appelées à consentir le subside demandé, contrairement à ce qui se passait auparavant (1).

18 février. — Philippe et Raimond Bone écrivent aux consuls qu'il leur plaise d'assister aux obsèques de leur père, Bernard Bone, qui doivent avoir lieu à Albi, le lundi 23 du présent mois.

Deux de Messieurs les consuls iront et feront *honneur* au défunt d'un drap d'or et de quatre torches.

Les estimes se firent cette année ; la valeur des biens mobiliers fut calculée sur les bases suivantes :

Un setier de mossola ou de froment	11 sous 3 deniers
Un setier de fèves ou pois	11 » 3
Un idem de tout autre grain	7 » 6
Une charge (*saumada*) de vin pur	10 »
Une idem de vin mouillé (*asagat*)	5 »
Un quintal de chair salée	30 »
Le marc d'argent	6 livres tournois
Un bœuf de labour (*arayé*)	6 »
Toute vache au-dessus de deux ans	4 »
Un mouton de graisse (*de gray*)	16 sous tournois
Un mouton de champ	8 »
Cheval, âne, mulet, ce qu'ils vaudront à l'évaluation des estimateurs.	
Le quintal de chardons	8 sous
Le setier de roudou	8 »

(1) Dom Vaissète.

6 mars. — Ordonnance somptuaire par laquelle il est interdit aux dames de porter *tots fachasses*, toutes couronnes, toutes perles, *tots latisses* et toute parfilure (*perfial*), sous peine de dix livres tournois et de la confiscation des objets prohibés. Les seuls objets de luxe tolérés sont les agrafes (*fermals*) et les anneaux.

25 avril. — Le cousul François Boffart et Bernard Lodayet iront à Toulouse joindre leurs doléances à celles des autres députés de la province, auprès de M. le Maréchal de Sancerre, capitaine général, au sujet du subside de seize sous par feu.

16 mai. — Il est dit que M. le Maréchal fera exécuter des saisies, nonobstant tous appels, contre les villes qui résistent à la levée du subside de seize sous par feu.

Si les huissiers viennent à Castres, on les laissera mettre en vente les objets saisis (*penhoras*) et on les rachètera à l'encan qu'ils en feront.

C'est ce qui arriva, en effet ; la ville laissa mettre en vente le mobilier de la maison commune. Il n'était pas sans doute très luxueux, car elle le racheta, sous main, pour la somme de six livres.

12 juillet. — Les gens de la cour notifient au conseil que M. le comte de la Marche est allé à Dieu. Le conseil décide que les consuls porteront des robes de deuil bonnes et suffisantes, en rapport avec celles que mettront les gens de la cour. Et si à Castres ils n'en trouvent de telles, qu'ils en aient de Carcassonne ou d'autre part.

Jean I de Bourbon, comte de la Marche, était comte de Castres depuis 1374. Il eut de sa femme

Catherine de Vendôme deux fils, Jacques et Louis.

Jean de Bourbon et Catherine, sa femme, avaient partagé leurs biens à leurs enfants, le 15 septembre 1386. Ils donnèrent à Jacques, leur fils aîné, les comtés de la Marche et de Castres, et le comté de Vendôme à leur second fils Louis. Cette donation ne devait avoir d'effet qu'à la mort des donateurs. Aussi Jacques ne succéda-t-il à sa mère dans le comté de Castres qu'après sa mort, qui arriva le 1er avril 1412 (1).

27 octobre. — Le pape sera supplié de vouloir bien rétablir à Castres les écoles de grammaire (*gramaysa*).

21 novembre. — Le conseil délibère que des réparations seront faites à la Porte de Montfort ainsi qu'au pont du Frayssé.

1395 (2)

Consuls : P. AMBLART.
B. MARQUIER.
JEAN BOSCAREL.
JEAN ALARY.

15 février. — Le seigneur d'Escroux, nouvellement fait sénéchal de la terre et comté de Castres par Madame de la Marche, est venu à Castres prendre possession de son office. La ville lui fait un présent de torches, confitures, vin, poisson et avoine.

(1) Dom Vaissète.

(2) Archives de Castres.

11 septembre. — M. Guillem Galaup, juge de Castres, a publié une ordonnance par laquelle il est interdit à toute personne de mettre sur sa terre le feu aux chaumes (*rastolhas*), à peine de corps et de biens (*sots pena de cors e de bes*). Par cette défense, le juge dépasse les limites de ses attributions, ce qui est au préjudice de la ville et de ses libertés. Les consuls iront supplier M. le Sénéchal de vouloir bien révoquer cette proclamation; et s'ils ne peuvent l'obtenir, qu'ils fassent appel et poursuivent l'affaire en toute diligence.

Pour bien marquer son mécontentement, le conseil ôta au juge la pension que la ville lui faisait. Les consuls, de leur côté, prirent à tâche de donner des permissions à l'encontre de l'ordonnance du juge et notamment à Jacques Plima, vieux, la permission de brûler les *rastouilles* et pailles de son *cazal* de la Porte du Trauc, et à Jean..... de mettre le feu à la *rastouille* de son *cazal* de Saint-Béat. Il est vrai que Jacques Plima et Jean..... s'engageaient à réparer les dommages qui pouvaient arriver à autrui par suite de cette opération. Enfin la ville obtient la révocation qu'elle demandait; et l'ordonnonce *de non mettre foc en camp* fut abolie.

11 décembre. — Le bayle de Madame la comtesse de la Marche, n'étant pas payé de 151 livres tournois, montant de la quête du seigneur, qui étaient dues depuis la Toussaint (*martror*), a fait fermer (*sarrar*) la maison commune. C'est pourquoi le conseil s'est réuni dans la salle capitulaire de Saint-Vincent (*al capitol de san Vices*).

Afin d'avoir délai de Jacques Bugarel, trésorier de Madame la comtesse, le conseil décide qu'on lui donnera un marc d'argent.

1396 (1)

Consuls: RAIMOND PERAMON.
P. BALESTRA.
Me BENAZEC LODAYRET.
JEAN QUOC.

Le 9 mars 1396, le roi de France conclut avec le roi d'Angleterre une trève de vingt-huit ans. En même temps, il donna à ce prince la main de sa fille Isabelle avec une dot de huit cent mille francs d'or Le roi demanda à la France une aide générale pour le mariage de sa fille. Le Languedoc fut compris dans ce subside pour quatre-vingt mille francs, à raison de quatre francs et demi par feu.

25 Mai. — La comtesse de la Marche demande par lettre que le comté de Castres fasse une aide à son fils, M. le comte de la Marche, de deux mille francs pour son voyage en Hongrie. Elle attend une bonne et prompte réponse (*bona e breu resposta*). La ville, comme elle fait toujours en pareil cas, se met sur le pied de la défensive : — C'est une chose de très grand poids qui lui est demandée. Elle supporte présentement une taille de quatre francs et demi par feu pour le mariage et alliance (*liansa*) de Madame Hélisabel, fille du roi, avec le roi d'Angleterre. D'ailleurs un grand nombre de Messieurs du conseil sont en foire ; il faut remettre la délibération à plus tard.

Ce voyage en Hongrie, dont il est ici question, était une expédition, une croisade dirigée contre

(1) Archives de Castres.

les Turcs par la plus grande partie de la jeune noblesse de France et à laquelle Jacques de Bourbon, comte de la Marche et de Castres, devait prendre part.

Les Turcs avaient fait, à cette époque, de grands progrès dans l'Europe orientale; ils s'étaient emparés des pays slaves de la rive droite du bas Danube et menaçaient directement la Hongrie. Leur terrible sultan Bajazet annonçait hautement, qu'après avoir conquis la Hongrie, il mènerait son cheval manger l'avoine sur l'autel de Saint-Pierre à Rome. Le roi Sigismond de Hongrie envoya une ambassade en France pour solliciter des secours. La jeune noblesse, qui ne rêvait que faits d'armes et que le bruit des progrès du Turc avait surexcitée, accueillit cette ambassade avec enthousiasme. Une nouvelle croisade fut bientôt décidée contre les Turcs et, au printemps de 1396, Jean, comte de Nevers, fils aîné du duc de Bourgogne, Philippe d'Artois, comte d'Eu, connétable de France, Jacques de Bourbon, comte de la Marche, les sires de Couci, de Boucicaut et plus de mille chevaliers et écuyers, appartenant à toutes les grandes familles du royaume, partirent pour la Hongrie. (1)

15 juin. — Les délégués du comté, réunis à Castres, se refusent à payer les deux mille francs demandés par Madame de la Marche pour les frais de la campagne en Hongrie de son fils Jacques. Ils allèguent, comme motifs de leur refus, les fortes charges qui pèsent sur le pays, notamment celle des quatre francs et demi par feu, et la pauvreté des habitants.

---

(1) H. Martin.

30 septembre. — Mᵉ Benoît Lodayret fait relation d'une indulgence valable pour quatre mois, qu'il a obtenue de Messire le Pape, pour la ville et l'évêché de Castres, et en remet les lettres au conseil.

1397 (1)

Consuls : Jacques CHABERT.
Vincent PAGA.
Mᵉ Raimond CATUSSE.
Jean MORUT.

Les gentilshommes français étaient partis pour la Hongrie, sans prendre la croix et sans accomplir aucune des cérémonies religieuses usitées autrefois dans les expéditions contre les infidèles. Ils étonnèrent les pays qu'ils traversaient par leur faste inoui et les scandalisèrent par leurs débauches. Ils joignirent le roi Sigismond à Bude. Puis, l'armée chrétienne, formée des troupes hongroises et de la chevalerie venue de France, passa le Danube, entra en Bulgarie et alla mettre le siège devant Nicopolis. (2)

Cependant le sultan Bajazet avait rassemblé une puissante armée et était venu au secours de la ville assiégée. Dès que les deux armées furent en présence, les chevaliers français s'élancèrent avec une impétuosité irrésistible et culbutèrent tout devant eux. Mais derrière cette première ligne qu'ils avaient

---

(1) Archives de Castres.
(2) H. Martin.

taillée en pièces, ils trouvèrent une réserve forte de quarante mille hommes ; ils s'aperçurent en même temps que les ailes de l'armée turque, qui n'avaient pas encore donné, se mettaient en mouvement pour fermer le cercle derrière eux et les envelopper. Il y eut alors un moment de terreur panique. Le gros des croisés se débanda, mais les chevaliers ne voulurent pas reculer. Ils chargèrent de nouveau et se firent tuer pour la plupart.

Après la bataille, le sultan Bajazet voulut venger le grand nombre des siens qui y avaient trouvé la mort. Il se fit amener les prisonniers et les fit décapiter ou assommer; ils étaient dix mille. Il n'épargna que le duc de Nevers et vingt-quatre des plus grands seigneurs ; il fallut qu'ils fussent témoins de cette horrible boucherie (1)

La nouvelle de ce funeste évènement parvint en France à la fin de l'année 1396.

Jacques de Bourbon fut un des vingt-cinq grands seigneurs que Bajazet épargna. Il demeura quelque temps dans les prisons de l'ennemi. Puis, des marchands de Venise lui ayant fait l'avance de sa rançon, qui se montait à trente-deux mille francs, il dut se rendre dans cette ville et attendre pour en sortir que cette somme fut remboursée. Il y était encore vers la fin de l'année 1397.

Ce fut alors que Madame de la Marche s'adressa à ses fidèles sujets pour les prier de venir en aide à son fils et de le tirer de sa triste situation :

---

(1) Michelet.

17 novembre. — Cum los senhors officiers de Madona de la Marcha, so es assaver M. lo senescale, M. lo jutge, lo procurur, els autres de son cosselh aian denunciat e fag saber als seignors cossols, que la dicha Madona de la Marcha lor escria per sas letras, e los pregua que li vuelhan far adjuda, aquela que poyran, per lacal Mossenhor Jaques de Borbo so filh et comte de la Marcha, local es estat pres per los infizels en Hongria, ab gran re dautras noblas gens del reyalme de Franssa, puesca venir bas lo rey e sa mayre, e puesca pagar sa finansa, laqual es excessiva, que monto 32 M francs a sa quota.......

Car autramen no pot venir en sa terra, ni pagar sa finansa senes adjutori de sos terriers e subjets.

Per lacal causa, Madona de la Marcha, ab volontat del rey messire, a empausats a son comtat de la Marcha 3 M francs, al comtat de Vendomi 3 M francs, et al comtat seu de Castras 6 M francs.

Per que, los digs senhors officiers pregan los digs senhors cossols et tots sos fizels sosme-

17 novembre. — Les seigneurs officiers de Madame de la Marche, savoir, M. le sénéchal, M. le juge, le procureur et les autres de son conseil font savoir aux seigneurs consuls que ladite Madame de la Marche leur demande par ses lettres de vouloir bien lui faire l'aide qu'ils pourront, afin que Monseigneur Jacques de Bourbon, son fils et comte de la Marche, lequel a été pris par les infidèles en Hongrie, avec beaucoup d'autres gentilshommes du royaume de France, puisse revenir auprès du roi et de sa mère, et payer sa rançon, laquelle est excessive et se monte à trente-deux mille francs, pour sa part.......

Car il ne peut autrement venir en sa terre ni payer sa rançon sans le secours de ses sujets et gens de sa terre.

Pour cette cause, Madame de la Marche, du consentement du roi messire, a imposé à son comté de la Marche trois mille francs, au comté de Vendôme trois mille francs et à son comté de Castres six mille francs.

En conséquence, lesdits seigneurs officiers prient lesdits seigneurs consuls et

ses, que ad aquesta necessitat vuelho far adjuda, e far tal offra, la cal meiansan, Mossenhor de la Marcha puesca retornar en son pays, per que el puesca conoysse la bona volontat de sas gens.	tous ses fidèles sujets qu'en cette nécessité ils veuillent bien lui venir en aide, et lui faire une offre telle, qu'il soit possible à Monseigneur de la Marche de rentrer en son pays et de connaitre la bonne volonté de ses gens.

La situation du comte de la Marche était bien digne d'intérêt. Cependant le conseil ne se laissa pas apitoyer et, malgré que la demande de Madame de la Marche fut présentée en des termes très courtois et presque suppliants, il se servit du premier prétexte venu pour éviter de faire une réponse décisive. Voici celui qui fut mis en avant : Les consuls n'ont pas reçu de demande directe de Madame de la Marche et on ne leur a pas fait voir les lettres que les gens de son conseil prétendent qu'elles leur a écrites. Cela étant, le conseil de la ville déclare qu'il ne peut prendre aucune décision (*aponchamen*).

1398 (1)

Consuls : François BOFFART.
Raimond CHABERT.
Jean de VALS.
P. de PALHAROLS.

La comtesse de la Marche est revenue plusieurs fois à la charge, afin d'obtenir de la ville et du comté cette somme de six mille francs qu'elle leur

(1) Archives de Castres.

a demandée et qui doit servir à payer une partie de la rançon de son fils Jacques. Enfin, le 1er mars 1398, dans une réunion qui eut lieu dans la salle du chapitre des Frères-Prêcheurs, les consuls de Castres, accompagnés des délégués des vingt-quatre communes du comté, présentèrent aux gens de la cour de Madame la comtesse de la Marche la déclaration suivante :

Ab deguda honor e reverencia, dizem que nos no sian tenguts a Mossenhor de la Marcha, ni per costuma ni per possessio, de a luy re pagar per deute, ni per razo de sa preyso ni de son cavalayratge.	En tout honneur et révérence, nous disons que nous ne sommes tenus envers Monseigneur de la Marche, ni par coutume ni par possession à lui rien payer, soit pour sa prison, soit pour sa chevalerie.
Ni el, ni los seus senhors predecessors, ni de nostra dona sots escritcha, salva la reverencia e honor de nostra mot auta dona Madona Katarina, comtessa de Castras, de Vendomi e de la Marcha, no so en costuma, ni en saysina, ni en possessio de empausar, demandar e levar, per dever a que sian costregs los dits subjets, re per los digs cazes, en la cieutat de Castras, ni el comtat, ni el ressort. Totjorn nos offerens estar a dreg en so que apparia que seriam obligats.	Ni lui, ni les seigneurs ses prédécesseurs, ni ceux de notre dame sous-écrite, saufs l'honneur et la révérence de notre très haute dame Madame Catherine, comtesse de Castres, de Vendôme et de la Marche, n'ont jamais été en coutume, saisine ou possession de rien demander, imposer et lever, à quoi nous, les dits sujets, soyons tenus par devoir, pour lesdits cas, en la cité de Castres, ni dans le comté, ni dans le ressort. Toujours nous offrant à faire droit en ce à quoi il paraîtrait que nous serions obligés.
E quant es de graciosa subvencio fazedoyra a Mossenhor de la Marcha per sa preyso, de presen	Et en ce qui est d'une subvention gracieuse à faire à Monseigneur de la Mar-

veso e sabo los cosselhs de la dicha dona, nostra Madona la comtessa, la vialitat dels frugs e la fauta que es del argen el pays, e per consequen la impossibilitat de la gen, maiormen attenden los gran cargues continus de imposicios e lo fogatge novelamen empausat per lo rey Messira de tres francs e cinq sous per fuoc.

Per que no y podem subvenir ayssi coma volrian.

che pour sa prison, présentement les conseils de la dite dame, de notre Madame la comtesse, voient et savent le vil prix des fruits (de la terre) et le manque d'argent qui est au pays et par conséquent l'impossibilité où l'on est (de lui être agréable), en raison surtout des grandes et continuelles charges d'impositions et du fouage nouvellement imposé par le roi Messire, de trois francs et cinq sous par feu.

A cause de quoi, nous ne pouvons faire (à Monseigneur de la Marche) la subvention que nous voudrions.

Il résulte de ce document, que les habitants du comté de Castres ne se tenaient pas pour redevables envers leur seigneur d'aucun des subsides, dont le paiement était usité partout ailleurs dans les quatre cas ordinaires, savoir :

1° Quand le seigneur était fait chevalier.

2° Quand il allait à la croisade.

3° Lorsqu'il mariait quelqu'une de ses filles ou de ses sœurs.

4° Lorsqu'il était obligé de payer son rachat après avoir été fait prisonnier (1).

Nous les avons vus repousser toute obligation à cet égard :

(1) Dom Vaissète.

1° Lorsque, en 1393, le comte de la Marche voulait leur imposer un franc *per beluga*, à l'occasion du mariage d'une de ses filles ; 2° Lors du départ de Jacques de Bourbon pour la croisade de Hongrie; 3° A l'occasion de sa captivité et du paiement de sa rançon.

20 mars. - L'Evêque de Castres prête à la ville quatre cents livres, pour l'aider à payer les trois francs et quart par feu, imposés aux trois sénéchaussées par Messire le roi.

10 mai. — Les seigneurs consuls reçoivent aux franchises et libertés de la ville de Castres Jordi Colon, natif de Limoux, et le retiennent pour faire le service de trompette de la ville et remplir tout autre office en quoi il pourra se rendre utile. Jordi Colon jure d'être loyal habitant de Castres, de procurer à la ville tous profits, de lui éviter tous dommages et de prêter bonne obéissance aux seigneurs consuls. Les consuls lui promettent de lui donner une robe de livrée faite de deux draps (blanc et vert) et deux écus de gages, pour le temps qui reste à courir jusqu'à la fin de l'année.

9 juillet. — La ville offre à Madame de la Marche trois cents francs d'or pour contribuer à la rançon de son fils, à la condition que le paiement de cette somme n'occasionnera pas de nouvelles charges à la ville et qu'elle sera prélevée sur des impositions arriérées qui lui sont dues.

16 août. — Défense est faite aux fileuses de Castres de filer de la laine des fabricants ou marchands étrangers à la ville. Les fabricants de Castres paieront aux fileuses pour le *poids* de la laine dix deniers et pour le *poids* de l'estam douze deniers, hiver comme été.

2 septembre. — Pour éviter plus grand péril, les femmes vénales pourront revenir à Castres. Elles y résideront dans. une maison qui leur sera assignée par les consuls et dont elles paieront le loyer.

9 décembre — Fo facha relacio per los senhors cosols cum els, ab tots aquels bos homes de la vila que pogro aver, eran, lo jorn passat, eran anats reverenciar Mossenhor Loys de la Marcha, frayre germa, de Mossenhor Jaques, comte que sera de la Marcha apres los dias de Madona sa mayre. E cum lo predig Mossenhor Loys, estan al loc de Rocacorba, los receubet be e graciosamen.

9 décembre. — Relation est faite par les seigneurs consuls, comment eux et tous les bons hommes de la ville, qu'ils ont pu avoir, sont allés, le jour précédent, faire la révérence à Monseigneur Louis de la Marche, frère germain de Monseigneur Jacques, lequel (Jacques) sera comte de la Marche après les jours de Madame sa mère; et comment le dit Monseigneur Louis, étant au lieu de Roquecourbe, les a bien et gracieusement reçus.

23 décembre — Louis de Bourbon demande à la commune de Castres cinquante marcs d'argent pour le soutien de son état *(per sostener son estat)*. Le conseil décide de lui offrir deux cents francs, payables à terme, mais sous condition de certains privilèges à accorder par lui à la ville, au nom de sa mère, par exemple, que le juge prête aux consuls, à son entrée en fonctions, un serment analogue à celui que le baïle est tenu de prêter, chaque année.

1399 (1)

Consuls : P. AMBLART.
P. BELHUI.
JACQUES PLIMA vieux.
JEAN GUIRAUD.

Jusqu'ici la ville et le comté n'ont répondu que par des offres presque dérisoires aux demandes d'argent réitérées qui leur ont été faites par la famille de leur seigneur. Louis de Bourbon est venu à Castres dans l'intention de vaincre cette résistance et d'obtenir de plus fortes subventions. Il paraît bien que les Bourbons de Vendôme et de Castres étaient alors dans de grands embarras d'argent, tant à cause des folles dépenses auxquelles ils se livraient, suivant la coutume des grands seigneurs de cette époque, que par suite de cette guerre contre les Turcs, qui eut une fin si désastreuse et qui acheva de les mettre mal dans leurs affaires. Aussi Louis de Bourbon met-il une persistance extraordinaire dans des demandes sans cesse renouvelées et ne se laisse rebuter par aucun échec.

L'an 1399, a 10 de febrier, en la gleya de la Plate, hora de Tercia (2) apelat lo may del pobble, estan Loys Mossenhor personalmen ab son cosselh, présens los senhors cossols.

L'an 1399, le 10 de février, dans l'église de la Platé, heure de tierce, le peuple ayant été convoqué en grand nombre, présent Louis Monseigneur avec son conseil, présents aussi les seigneurs consuls.

---

(1) Archives de Castres.
(2) Neuf heures du matin.

Cum lo dig Loys Mossenhor demandes, per nom de Madona sa mayre, alcuna finansa a luy esser facha per lo pobble de Castras per sostentacio de son estat et a lui metheys, el nom que desus, per la finansa facha per so frayre per causa de sa preyso als Turxs.

E per so aves fag amstar per davan si lo pobble, per saber ab luy si lo pobble, li volguera autreiar ponh de finanssa.

E los dessus digs cossols, allegan la paubrieyra del pobble, li aguesso facha resposta, que autra finansa lo pobble no podia far a luy, per la gran paubrieyra en que era de presen, ni lo pobble no volia cossentir a donar ni autreiar maior finansa, hotra aquela que li era autreiada ab certanas condicios.

Me Johan Fauriel, bachalier en decrets, estan personalmen de davan lo dig Loys Mossenhor, dichs: Mossenhor no vos pessexs que las respostas que vos so estadas fachas, sian estadas fachas per la ordenansa del pobble tan solamen, quans ho so autan be per la ordenansa dels cossols que so los prumiers que diso lors oppinios.

Et enayssi ho dixhs, ho en semblas paraulas.

Le dit Louis Monseigneur demande au nom de madame sa mère, que certaine finance lui soit faite par le peuple de Castres pour le soutien de son état, et à lui-même aussi, au nom que dessus, pour la finance faite pour son frère, par suite de sa prison chez les Turcs.

Et pour cela il a fait assembler le peuple devant lui pour savoir avec lui si le peuple ne voudra point lui octroyer de finance.

Et les consuls dessus dits alléguant la pauvreté du peuple, lui font réponse qu'autre finance le peuple ne peut lui faire, pour la grande pauvreté dans laquelle il est de présent; que le peuple ne veut consentir à donner ni octroyer plus grande finance, outre celle qui lui a été octroyée à certaines conditions.

Me Jean Fauriel, bachelier en décrets, se tenant personnellement devant le dit Louis Monseigneur, dit: Monseigneur, ne vous pensez que les réponses qui vous ont été faites, aient été faites par l'ordonnance du peuple tant seulement, quand elles le sont aussi bien par l'ordonnance des consuls, qui sont les premiers qui disent leurs opinions.

Me Jean Fauriel s'exprima ainsi, ou en semblables paroles.

Il y aurait quelque intérêt à reconstituer, au point de vue pittoresque, cette mémorable assemblée de l'église de la Platé : Louis de Bourbon assis sous le dais; près de lui, les gens de son conseil et les officiers du comté, le sénéchal, le juge, le procureur et le trésorier ; de l'autre côté les consuls en robe rouge et les principaux bourgeois de la ville ; enfin la masse du peuple remplissant la nef de l'église. Louis de Bourbon expose sa demande ; les consuls lui répondent par un refus ; l'officieux Mᵉ Jean Fauriel essaie d'adoucir par de bonnes paroles la mortification que le jeune comte de Vendôme vient d'éprouver.

Cet épisode de notre histoire est remarquable à un autre point de vue ; c'est qu'il nous représente au vif la mise en pratique d'une des maximes qui ont fait de tout temps le fondement de notre droit public, savoir : que le peuple ne doit supporter aucune charge d'impôt sans son consentement. Cette fois, la consultation fut directe ; elle ne tourna pas à l'avantage de celui qui l'avait provoquée.

11 février. — Salvat, maître-mage des écoles de Castres, reçoit de la ville une rétribution de six francs

14 avril. — Monseigneur Louis de Bourbon doit être fait chevalier par M. le connétable de France ; et aussitôt après, il entend venir à Castres. Sera-t-il bon que la ville lui fasse à cette occasion quelque don gracieux, quoique pour le moment il n'ait rien demandé ? La ville lui donnera une ceinture (*sencha*) d'argent doré, non pas à cause de sa chevalerie, mais par courtoisie et bonne amitié, et sans que cela tire à conséquence.

19 mai. — Le maréchal Louis de Sancerre, connétable de France, vient de licencier et de casser aux gages les gens d'armes qu'il avait rassemblés pour faire la conquête du comté de Foix. Tout est à craindre de la part de ces hommes qui, n'étant plus retenus par le frein de la discipline, se changent si facilement en routiers et en brigands. Aussi la ville de Castres prend-elle des précautions ; elle met des gardes à ses portes. Pendant la nuit, le guet, éclairé par des lanternes, fait de fréquentes rondes sur les remparts.

24 mai. — Louis de Bourbon est arrivé à Castres depuis peu avec ses gens. Il demande de plus fort une augmentation de la somme promise ou déjà payée à Madame de la Marche. Il laisse entendre qu'un refus pourrait bien le décourager de s'opposer aux entreprises des gens d'armes du connétable, qui sont déjà sur le pays et y commettent de grands dégâts. La ville répond que, malgré les procédés d'intimidation auxquels Louis a recours, elle s'en tiendra à la décision qui a été prise devant lui à l'église de la Platé.

14 août. — Enfin la réflexion aidant et peut-être aussi la peur des gens d'armes, la ville se détermine à mettre fin à cette laborieuse négociation. Elle consent à une augmentation de trois cents francs, mais à la condition expresse que Louis de Bourbon lui octroiera de nouvelles libertés et que cet octroi sera ratifié par Madame sa mère.

La ville demande :

1° Que le juge et le procureur prêtent aux consuls, à leur entrée en fonctions, un serment analogue à celui qui leur est prêté par le baïle.

2° Que les consuls puissent ouvrir de nouvelles portes dans le mur d'enceinte de la ville, fermer et murer les anciennes ou les changer de place (*mudar*), si cela est utile à la chose publique.

3° Que toute interdiction (*ban*) mise sur le Pont-Neuf, les temps passés, soit cassée et annulée et que ce pont se puisse réparer et refaire sans aucun empêchement de la part du seigneur.

Ce dernier article demande une explication : Les seigneurs de Castres jouissaient d'un droit de leude ou de péage sur les marchandises pour le passage du *pont d'Agout*, c'est-à-dire du Pont-Vieux. Le Pont-Neuf n'était que toléré par eux et n'avait pu être établi, dans des conditions sans doute fort précaires, que sur leur permission. Il n'annulait pas leur droit de péage, car les marchandises qui passaient sur l'un et l'autre pont étaient assujetties aux mêmes redevances, mais il en rendait l'exercice plus difficile. Aussi les seigneurs de Castres qui avaient intérêt à ce que le Pont-Neuf n'existât pas, s'étaient-ils réservé ou arrogé le droit d'empêcher qu'on y fît des réparations et peut-être, d'en interdire le passage.

On doit se rendre compte maintenant des moyens de défense qu'employaient les bourgeois de Castres contre les exigences de leur seigneur. Lorsqu'une demande se produisait d'un subside inusité, leur premier soin était de faire traîner les choses en longueur. Tout leur était bon pour cela, les prétextes les moins sérieux et les motifs les plus futiles. « *Cal que se dilate*, il faut gagner du temps ; » telle était leur manière de parler. Ensuite ils exposaient les motifs de leur résistance dans une déclaration rédigée en termes graves et respectueux. Enfin, au bout de deux ou trois ans, quand la lassitude du seigneur s'était accrue, sans que ses besoins eussent diminué, ils lui offraient, à titre purement gracieux, une subvention de beaucoup inférieure au subside demandé, et obtenaient de lui, en échange de ce don, de nouvelles et importantes libertés.

19 août. — Jean Penavayre, licencié en décrets, est sur le point de se marier (*enten e vol procesir a matrimoni*). Il plait à tous qu'il soit dispensé du paiement des contributions, non seulement pour la présente année, mais encore pour les quatre années suivantes.

14 novembre. — Jean Rascas, Jean Simon, Jean de Terssa, préposés de la draperie (*pararia*), présentent aux consuls leurs successeurs Beringuier Guillot, Bec Cabriol, Ramon Péramon et Jean Quoc, lesquels jurent de se bien conduire dans l'office qui leur est commis, d'observer les ordonnances et de rendre bon et loyal compte des sommes qu'ils recevront.

CHAPITRE XIII

Jacques de Bourbon, comte de la Marche et de Castres, roi de Hongrie et de Jérusalem. — Comtes de Castres, de la maison d'Armagnac. — Bernard d'Armagnac comte de la Marche et de Castres.

1401 - 1458

Le sujet restreint, dans lequel nous devons nous renfermer, nous dispense d'entrer dans le détail de l'état lamentable où se trouvait la France à cette époque. Le roi Charles VI est tombé en démence depuis 1392. Les princes du sang, le duc d'Orléans, le duc de Bourgogne, le vieux duc de Berri se disputent le pouvoir : lutte sans grandeur, dans laquelle aucune préoccupation élevée ne se fait jour, qui vienne masquer la laideur des convoitises personnelles. L'assassinat du duc d'Orléans déchaîne sur la France les fureurs rivales des Armagnacs et des Bourguignons.

Pour comble de maux, Richard II, roi d'Angleterre et gendre de Charles VI, est renversé du trône, la dynastie des Lancastre, qui lui succède, nous réserve à bref délai Henri V et le désastre d'Azincourt.

Qu'on joigne à ce conflit de forces déchaînées et qu'on dirait aveugles l'état d'anarchie morale dans lequel le grand schisme d'Occident avait jeté les esprits et l'on conviendra qu'il n'y a pas lieu de se plaindre si l'histoire de notre ville, pendant cette terrible période, se réduit à de menus faits d'existence municipale.

1401 (1)

Consuls : JACQUES CHABBERT.
JEAN MELON.
PONS DE DEUX-ANS.
SICART MORRUT.

Les consuls font dire une messe au couvent de la Trinité, une autre en l'honneur de Notre-Dame par M. Jean Fabre, curé de la Platé, une messe du Saint-Esprit par les Frères-Prêcheurs et enfin une messe des morts par les Frères-Mineurs, « afin que Notre-Seigneur Dieu Jésus-Christ, la Sainte-Trinité, la Vierge mère de Dieu et toute la cour céleste du Paradis les dirigent dans toutes leurs besognes au profit de tous. »

23 janvier. — Les consuls, accompagnés de leur conseil, se rendent à la place du Pla, afin d'y proclamer, suivant l'usage, les noms de ceux qui avaient été ordonnés pour être estimateurs des biens des habitants. A leur retour à la maison commune, les consuls et leur cortège font une collation (*beure*) qui coûte à la ville 3 sous 4 deniers.

22 février. — L'hôpital Saint-Jacques prête à la ville un lit pour le maître-mage des écoles.

(1) Archives de Castres.

14 mars. — Le juge criminel de Carcassonne est venu à Castres, où il séjourne pendant dix jours, pour faire une enquête sur la meilleure direction à donner au chemin de Narbonne, en le faisant passer soit par Saint-Pons, soit par Sainte-Colombe. Ledit juge reçut pour ses peines 4 livres ; de plus, la ville lui fit cadeau de deux gros barbeaux qui coûtèrent ensemble 22 sous.

17 mai. — Une gratification de cinq sous est donnée à deux hommes qui ont porté une nichée (*nisada*) de louveteaux au consulat.

22 mai. – Les serviteurs des consuls qui avaient jeté des *neulas* à l'église de la Platé, le jour de la Pentecôte, font aux frais de la ville, un goûter qui coûte 2 sous 6 deniers.

23 mai. — M. d'Escroux, sénéchal de Madame de la Marche, est venu à Castres pour régler un différend qui s'était élevé entre les consuls de cette ville et le seigneur de Burlats au sujet des limites de leurs territoires. La ville fait présent audit sénéchal, pour son souper, de deux oies grasses qui furent payées 6 sous 3 deniers.

28 juillet. — Les consuls font leur pêche annuelle dans l'Agoût depuis le *goure* (1) *peguié*, jusqu'à la digue (*payssieyra*) des moulins.

12 septembre. — M. le juge fait publier une ordonnance par laquelle il est interdit à toute personne de faire *crier* du vin comme *franc*, s'il ne

(1) Goure, du latin *gurges*, gouffre.

l'est pas. Si le vin est trouble ou échaudé, on doit le faire crier comme trouble ou échaudé. Les consuls protestent contre cette publication comme contraire à leurs droits et aux privilèges de la ville.

19 septembre. — Il fut payé à M. Jean Fabre, chapelain et curé de la Platé, pour avoir fait peindre en rouge (*agranar*) les vitraux (*veirias*) de son église, à l'occasion de la fête de la Nativité de la Sainte Vierge, 2 sous, 1 denier.

18 décembre. — Les consuls, accompagnés de la plupart de leurs conseillers, sont allés du côté de Puechauriol pour faire quelque opération de bornage et de délimitation du consulat (*seguir las termineyras*). Pendant que le gros de la troupe se livre à ce travail d'expertise et se tient en belle humeur à l'aide d'une provision de vin et de *fogassets* qui les accompagne, d'autres sont restés à Puechauriol pour préparer le dîner (*per aparelhar lo dinar*). Voici quel en fut le menu : un potage à l'oignon, 8 lapins, 8 pièces de mouton rôti et piqué d'ail, 4 poules, une paire de perdreaux. Les lapins furent payés, savoir : cinq à raison de 5 blancs la pièce (le blanc valait cinq deniers) et trois à raison de 22 deniers chacun. Les deux perdreaux valaient 10 blancs, les quatre poules 5 sous.

Le tout fut arrosé de 23 quarts de vin à 6 deniers le quart et de 6 autres quarts (sans doute le coup de la fin) à 8 deniers. Soit, pour le vin 15 sous, 6 deniers. En 1401, la barrique de vin, contenant deux *saumades*, valait 2 moutons d'or, soit 30 sous, 10 deniers. A ce compte, les consuls et les autres délégués à la vérification des *termineyras* auraient absorbé environ une demi-barrique de vin.

Cette année, des réparations furent faites à la porte Sainte-Foi ; et cette circonstance nous conduit à donner quelques renseignements sur le prix de la main d'œuvre et des matériaux.

La journée d'un maçon ou d'un tailleur de pierre était de 5 sous ; celle du manœuvre qui les servait 5 blancs ; une journée de femme, pour port de terre ou de sable, 12 deniers.

La journée d'un maitre-charpentier était de 3 grains, soit 3 sous, 9 deniers.

La journée d'un homme avec deux bêtes pour transporter chaux et tuiles, 5 sous.

Une *saumade* de chaux valait 2 grains, soit 2 sous, 6 deniers.

Le cent de tuiles, 5 grains, ou 6 sous, 3 deniers.

Le *postan* de chêne se payait un franc les quatre cannes, et le fer environ 32 sous le quintal.

Pierre Bru, tailleur de pierre *(peyrier)*, a fait un travail d'artiste ; il a sculpté le rétable (*retaule*) de la Platé. Cet ouvrage lui est payé 4 livres, 10 sous.

25 décembre. — Jean Pastré a porté au consulat une nichée de louveteaux plus une tête de loup ; il reçoit cinq sous de gratification.

30 décembre. — Les consuls font dire une messe à la maison commune, afin que le Saint-Esprit les dirige à faire une bonne élection de leurs successeurs.

1404. — Huit mille hommes d'armes et beaucoup d'autres gens de guerre avaient été rassemblés à Brest pour opérer une descente dans le pays de Galles et prêter l'appui de la France aux Gallois révoltés contre la domination anglaise. « Cette expédition avait les plus belles chances ; mais Jacques, comte de la Marche, qui avait reçu le commandement de la flotte de Brest, ne se plaisait qu'à la danse, aux cartes et aux dés : il ne put s'arracher aux voluptés de Paris et laissa son armée l'attendre pendant trois mois sur la côte de Bretagne : il n'arriva qu'à la mi-novembre et n'apporta pas un denier pour payer les troupes ; la plupart des soldats se débandèrent ; le comte de la Marche s'embarqua avec le reste malgré la mauvaise saison et descendit à Falmouth et à Darmouth ; il se retira devant les premières démonstrations des gens du pays et perdit, au retour, une bonne partie de ses vaisseaux par la tempête (1). »

1412. — Catherine de Vendôme, veuve de Jean de Bourbon comte de la Marche et de Castres, mourut le 1er avril. Son fils Jacques lui succéda comme comte de la Marche et de Castres.

Jacques s'était marié, en 1406, avec Béatrix, fille de Charles III, roi de Navarre, de laquelle il eut une fille unique nommée Eléonor. Etant devenu veuf, il épousa, en 1415, Jeanne II, reine de Naples et de Sicile. Mais il ne tarda pas à s'apercevoir que sa femme était extrêmement débordée dans ses mœurs. Non contente de tromper son mari, elle le fit mettre en prison. Jacques parvint à s'évader et

(1) Henri Martin.

rentra en France. En se mariant avec Jeanne de Naples, il avait pris le titre de roi et se qualifiait de roi de Hongrie et de Jérusalem.

1416. — Vincent Ferrier, ce célèbre prédicateur Dominicain que l'Eglise a mis au rang des saints, vint prêcher à Castres. Il n'était pas moins illustre par la sainteté de sa vie et par ses miracles que par son éloquence. Après avoir fait entendre sa parole apostolique à Saint-Paul et à Puylaurens, Vincent Ferrier prit le chemin de Castres. Il s'arrêta à Saïx pour y donner un sermon.

Les habitants de Castres, précédés de leurs consuls, vinrent au-devant de lui ; et Vincent Ferrier, accompagné d'une foule immense, fit son entrée dans leur ville, le 24 mai 1416.

Il alla loger au couvent des Frères-Prêcheurs. Pendant huit jours, Vincent Ferrier évangélisa le peuple de Castres. Il prêchait en plein air, sur une estrade, dans un lieu voisin du couvent des Dominicains, sans doute au vieux cimetière de St-Benoit

Le passage de Vincent Ferrier à Castres fut signalé par plusieurs miracles. Le jour de l'Ascension, on lui présenta un homme qui, depuis sept ans, était complètement paralysé ; il le guérit par l'imposition des mains. Un autre jour, pendant qu'il était en chaire, un violent oraga éclata ; Vincent le dissipa par le signe de la croix et rendit à l'air sa sérénité.

Continuant ses courses d'apôtre, Vincent arriva à Albi le vendredi 5 juin (1).

---

(1) Voir dans la *Revue du département du Tarn*, t. IV, p. 347, une très intéressante notice de M. E. Jolibois sur le séjour à Albi de saint Vincent Ferrier.

Vincent Ferrier était né à Valence d'Espagne, en 1357. Il prêcha en Espagne, en Italie, en France, en Angleterre et en Allemagne. Sa sagesse lui avait acquis une influence telle que les princes le prenaient pour arbitre de leurs différends, et c'est sa décision qui assura le trône à l'infant de Castille Ferdinand. Il mourut à Vannes, en Bretagne, le 5 avril 1419. Il fut canonisé par le pape Calixte III en 1455.

—Le 15 juin 1416, Jean, duc de Berri, gouverneur du Languedoc et grand-oncle du roi, mourut à Paris dans son hôtel de Nesle, âgé de 76 ans. « Comme ce prince était fort libéral et qu'il aimait la magnificence, il accabla les peuples qui étaient confiés à son gouvernement d'impôts et de subsides avec une dureté extrême, afin d'avoir de quoi fournir à ses grandes dépenses (1). »

1422. — Le roi Charles VI mourut à Paris le 21 octobre 1422, âgé de cinquante-quatre ans. Les longues infortunes de ce prince lui avaient attiré l'affection de ses sujets ; ils le pleurèrent à sa mort. Le menu peuple de Paris criait : « Ah ! très cher prince, jamais nous n'en aurons un si bon ! Jamais nous ne te verrons. Maudite soit la mort ! Nous n'aurons jamais plus que guerre, puisque tu nous as laissés. Tu vas en repos ; nous demeurons en tribulation et en douleur (2). »

A la mort de Charles VI, la France semble, en effet, parvenue au fond de l'abîme. Mais bientôt

(1) Dom Vaissète.

(2) Michelet. Histoire de France.

sonnera l'heure de la délivrance : la Providence va susciter Jeanne d'Arc.

1429. — Gérard Machet, confesseur du roi Charles VII, fut évêque de Castres de 1432 à 1448. Le nom de ce prélat figure dans l'histoire de Jeanne d'Arc. Il nous sera permis de rappeler ici les deux épisodes de cette histoire auxquels il se rattache.

Jeanne est allée à Chinon et, par de merveilleuses révélations, elle a gagné la confiance du roi. Il ne lui restait plus qu'à convaincre les ecclésiastiques de la réalité et de la sainteté de sa mission. Le roi ordonna que cette dernière épreuve aurait lieu à Poitiers.

Les évêques et les docteurs convoqués pour cette conférence : Gérard Machet, confesseur du roi, l'évêque de Maguelonne et l'évêque de Poitiers, le dominicain frère Séguin et d'autres encore allèrent trouver Jeanne à Poitiers, au logis de Me Jean Rabateau, où elle était descendue, et ils l'interrogèrent, la pressèrent de questions et d'objections pendant plus de deux heures. Elle eut réponse à tout avec une candeur et une présence d'esprit admirables. De sorte qu'ils étaient « grandement ébahis comme une si simple bergère, jeune fille, pouvait ainsi répondre. » (1)

A la fin, l'opinion de tous se fit jour par la voix de Gérard Machet, lequel s'écria que cette fille était assurément une envoyée du Seigneur.

Dès le lendemain de la délivrance d'Orléans,

---

(1) Histoire de *Jeanne d'Arc*, par H. Wallon.

Jeanne alla à Loches, où était le roi Charles VII pour lui porter « les nouvelles de la noble besogne » et le presser de marcher droit à Reims. Mais le roi retomba bientôt dans ses hésitations ordinaires et ses conseillers ne voyaient qu'impossibilités dans cette entreprise.

Un jour, la Pucelle, impatiente de ces lenteurs, se fait mener auprès du roi ; elle le trouve conversant avec Christophe d'Harcourt, Gérard Machet et le seigneur de Trèves. Elle se jette à ses pieds et embrassant ses genoux : « Gentil Dauphin, dit-elle, ne tenez plus tant et de si longs discours, mais venez au plus tôt à Reims pour recevoir votre digne couronne. »

Christophe d'Harcourt lui ayant demandé si ses voix lui avaient dit cela, elle répondit qu'oui et qu'elle était fort aiguillonnée touchant cette chose.

Sur une nouvelle question de Christophe d'Harcourt, au sujet de ses voix, elle raconta comment lorsqu'elle s'affligeait des doutes que l'on opposait à sa mission, elle se retirait à part et priait Dieu, se plaignant de ce qu'on ne la voulait pas croire ; et sa prière finie, elle entendait une voix qui lui disait : « Fille Dé (de Dieu), va, va, va, je serai à ton aide, va ! » et quand cette voix lui venait, elle était bien réjouie et elle eut voulu toujours être en cet état.

En rapportant les paroles de ses voix, elle rayonnait d'une joie divine et levait les yeux au ciel (1).

1438. — Jacques de Bourbon, comte de la Marche et de Castres, avait eu, ainsi que nous l'avons déjà

---

(1) Histoire de *Jeanne d'Arc* par H. Wallon.

dit, beaucoup à souffrir de la conduite déréglée de la reine Jeanne sa femme. Ses infortunes conjugales, ajoutées aux épreuves et aux fautes qui avaient signalé son existence aventureuse, tournèrent ses pensées vers la religion et, rentré en France, il donna des gages d'une piété sincère, mais qui ne laissa pas de porter jusqu'à la fin des marques de la frivolité de son caractère. C'est ainsi que, par un acte du 7 janvier 1423, passé à Castres dans la chambre de *parement* du palais épiscopal, il fit donation au monastère de St-Antoine en Viennois d'une somme de sept mille livres tournois, à charge pour les moines de faire fondre une cloche de quatre-vingts quintaux qui sonnerait tous les jours, pendant sa vie, autant de coups qu'il aurait d'années. Il s'obligeait lui-même à porter à son cou, la veille et le jour de St-Antoine, en l'honneur du saint, une clochette d'or du poids d'une once.

Le 27 juillet 1424, au château de Roquecourbe, Jacques maria sa fille unique Eléonor avec Bernard d'Armagnac, comte de Pardiac, vicomte de Carlad et de Murat, fils de Bernard VII, comte d'Armagnac, et de Bonne de Berri, et frère puîné de Jean IV, comte d'Armagnac.

Jacques fit son testament le 24 janvier 1435. Par cet acte, il fit héritière universelle Eléonor, sa fille, et lui substitua Jacques, son petit fils, fils aîné de la même Eléonor, à la charge de porter son nom et armes et les titres des comtés de la Marche et de Castres. (1)

Après avoir ainsi réglé sa succession, Jacques se

(1) Dom Vaissète.

mit en route pour aller prendre l'habit de religieux au couvent de St-François de Besançon. Il signala ce voyage en déployant dans toutes les villes, par où il passait, un appareil de pénitence plus capable, peut-être, d'exciter l'étonnement que d'inspirer des sentiments d'édification. « Il estoit porté par quatre hommes en une civière, telle sans autre différence que les civières où l'on porte les fients, fumiers et ordures, et estoit à demi-couché, demi-appuyé et levé à l'encontre d'un meschant desrompu orillier de plume, vestu pour toute parure d'une longue robe d'un gris de très petit prix, et estoit ceint d'une corde nouée à façon de cordelier, et en sa teste avoit un gros bonnet blanc..... Ainsi habillé et en telle assiette, il pouvait plus servir de risée au monde que d'admiration, encore que cette humilité soit agréable à Dieu. Il avait à sa suite quatre cordeliers..... et après iceux venoient deux cents chevaux, litière, chariot couvert, haquenées, mules, mulets dorés et harnachés honorablement et avoit sommiers (1) couverts de ses armes et nobles hommes et serviteurs bien vestus et en bon point... et en cette pompe, humble et dévote ordonnance, fist son entrée à Besançon, comme il avoit fait en toutes les autres villes, et puis entra au couvent où depuis on le vist cordelier ; et disoit-on qu'une femme de ce temps-là fort dévote, et religieuse de Sainte Claire, nommée Colette l'avoit ainsi réduit et presché. » (2)

Jacques de Bourbon mourut dans le couvent de Besançon, le 24 septembre 1438. Par son testament

(1) Sommier, cheval de somme.

(2) Brantome, cité par la *Revue du département du Tarn*. T. II. P. 20.

il avait choisi sa sépulture « auprès de sa révérende et benoite sœur Colette, mère et réparatrice de l'ordre et observance de Madame sainte Claire, en quelque église que son corps reposera. » (1)

« Mais ce vœu ne fut pas exaucé. Sœur Colette mourut à Gand ; puis en 1783, lors de la suppression des Clarisses de cette ville, son corps fut transporté dans le couvent de Poligny, qu'elle avait fondé. Quant au corps de Jacques, il ne quitta pas Besançon ; il était enseveli dans une chapelle de l'église abbatiale des Clarisses. Ses ossements furent dispersés à la révolution et le cercueil de plomb qui les renfermait fut converti en balles. » (2)

Bernard d'Armagnac succéda au roi Jacques, son beau-père, dans les comtés de la Marche et de Castres.

Louis de Bourbon, comte de Vendôme, frère puîné de Jacques, que nous avons vu engagé en 1399 dans des négociations si laborieuses avec les consuls et les habitants de Castres, au sujet de la rançon de son frère, Louis fut fait prisonnier à la bataille d'Azincourt. Il devint ensuite grand-chambellan de Charles VII. A ce titre, il introduisit Jeanne d'Arc auprès de ce dernier, dans la grande salle du château de Chinon, lors de la première entrevue que la Pucelle eut avec le roi. Il fut aussi grand-maître de l'artillerie, et mourut le 21 décembre 1436.

1439. — Le Dauphin Louis (le futur Louis XI), nommé par son père son lieutenant en Languedoc, fait son entrée à Toulouse, le 25 de mai. Comme il

(1) Dom Vaissète.

(2) E. Jolibois. *Revue du département du Tarn*. T. II. P. 20.

n'était alors âgé que de seize ans, le roi lui donna un conseil pour le diriger dans la décision des affaires. Les principaux de ses conseillers furent l'archevêque de Toulouse et Bernard, comte de Pardiac et de Castres, qui était en même temps le gouverneur du jeune prince.

Le Dauphin était à Lautrec, le 29 de septembre. Il se rendit ensuite à Castres, où il donna des ordres, le 9 d'octobre, pour faire assembler les milices de la province. Il avait convoqué dans cette ville les états du Languedoc, qui lui accordèrent quarante six mille livres tournois. Il tint dans cette même ville, le lendemain 10 octobre, un grand conseil, dans lequel il fut pris des mesures pour s'opposer aux Anglais. (1)

1453 (2)

Consuls : Mᵉ JACQUES VILIEN jeune, bachelier ès lois.
Mᵉ PIERRE VALETTE, notaire.
Mᵉ JEAN BORDEREL, id.
RAYMOND AUGIER.

Mᵉ Pierre Ravalhac, maître-mage des écoles de Castres, reçoit de la ville, à titre de subvention, 12 moutons d'or. Il est accordé au même pour le loyer de son lit un écu d'or.

Les écoliers payaient une rétribution ; ceux de la ville et du consulat d'après un tarif arrêté par les consuls, les autres devaient s'entendre avec le

(1) Dom Vaissète.
(2) Archives de Castres.

maître-mage. Le produit des rétributions scolaires était partagé par parts égales entre le maître-mage et ses collaborateurs. Mais la subvention servie par la ville appartenait au maître-mage seul. Elle tenait lieu de la rétribution des enfants pauvres de la ville, lesquels étaient admis à l'école gratuitement.

— Jean...., fabricant ou marchand de draps, a mis en vente deux pièces de drap, qui ont été reconnues défectueuses. Par jugement des consuls, ces deux pièces sont confisquées au profit des pauvres. On en réserve une partie que Ramond, bourreau de la ville, accompagné d'un certain nombre de sergents, traîne par les rues et brûle ensuite publiquement.

— Dona Bertrande Albarède a fait les chapeaux de fleurs que les consuls et leurs valets ont portés à la procession du Corpus Christi ; elle reçoit pour sa peine 6 sous tournois.

— Mᵉ Nicolas, licencié en médecine, médecin agréé par les consuls, reçoit de la ville, à titre d'honoraires pour les soins qu'il donne aux malheureux, 20 moutons d'or.

— Dona Béringuiere Pos a fourni le pain bénit qui a été distribué, tous les dimanches de l'année, aux églises de la Platé et de St-Jacques. Cette fourniture coûte à la ville 12 livres, 7 sous, 6 deniers.

— Les trois états de la province, réunis à Montpellier, ont octroyé au roi, le 6 mars 1453, cent six mille livres tournois. Le contingent de Castres sur cette somme fut de 705 livres, 16 sous.

– Les calculs de comptabilité se font à la maison commune au moyen de jetons (*jets*) de laiton ou d'étain.

1454 (1)

Consuls : VINCENT COMBES, jeune.
VINCENT PAGA.
ISARN CATHALA.
PIERRE AMIEL.

Mademoiselle, fille de M. le comte de Pardiac et de Castres, passe le mois de mars à Castres, en attendant d'aller prendre le voile (*se mettre minoreta*) au couvent de Sainte Claire à Lésignan. La ville lui fait présent de *quantité* de barbeaux prix à Saïx, de vin, de torches de cire et de confitures sèches. Les confitures étaient renfermées dans des boites qu'on appelait *massapos*.

— Les robes des consuls coûtent à la ville 120 écus d'or. L'écu d'or valait 18 sous.

— Les trois états de la province, réunis à Montpellier, accordent au roi 126.000 livres. La part de Castres est de 893 livres, 1 sou, 9 deniers.

1455 (2)

Consuls : THOMAS BALESTRA.
JEAN GUORBEL.
ANTOINE PEYTAVI.
JEAN ARNAUD

Bernard, comte de Pardiac, de la Marche et de Castres, mourut au commencement d'avril ; son

(1) Archives de Castres.
(2) Ibid.

corps fut porté à Lésignan. A Castres, les consuls firent dire une messe solennelle pour le repos de son âme, à l'église de St-Vincent. Un catafalque fut dressé à cette occasion au milieu de l'église et entouré de torches et de cierges (*ciris*). Aux quatre angles du catafalque, on voyait les armoiries de M. le comte, peintes par Jean Guiraud, dit l'ermite, peintre (*penheyre*) de la ville.

Deux livres en menue monnaie furent distribuées aux enfants et aux pauvres gens, afin de les engager à prier pour le défunt. Des aumônes furent aussi données, dans le même but, aux Frères-Prêcheurs, aux Frères-Mineurs, aux sœurs de Ste-Claire, au ministre de la Trinité et aux lépreux de St-Barthélémy.

La léproserie de St-Barthélémy était située près de l'Agoût, non loin de l'endroit où est actuellement l'abattoir. Les lépreux y étaient enfermés et il leur était interdit d'en sortir. Une personne désignée par les consuls était chargée de recueillir des aumônes pour leur entretien. C'est ainsi que nous lisons dans les comptes de 1455 :

« A Berthomieu Condorès il est dû pour son travail de chercher par la ville des aumônes pour les lépreux de St-Barthélemy, afin que les dits lépreux n'entrent pas en ville et pour éviter les périls qui en pourraient résulter, 6 moutons d'or. »

« Au même Berthomieu, pour un âne qu'il acheta afin de porter les susdites aumônes, 4 moutons d'or. »

Nous trouvons dans ce même livre de comptes la mention suivante qui soulève une question intéressante, mais qui ne fournit pas des données suffisantes pour la résoudre :

« Au consul Jean Guorbel il est dû, qu'il paya à P. Boysso envoyé à Lavaur, en le présent consulat, par les seigneurs consuls et de mandement de M. le juge, pour aller faire réponse à Madame l'Argentière que, s'il lui plaisait de venir à Castres, les seigneurs consuls la recueilleraient (1) volontiers, 15 sous tournois. »

L'argentier du roi, Jacques Cœur, avait été condamné à mort en 1453. Le roi lui fit grâce et se contenta de confisquer ses biens qui étaient très considérables. Est-ce à sa femme, restée en détresse et sans appui, que les consuls de Castres font cette offre de la recueillir et de lui ouvrir un asile secourable ? La réponse peut être affirmative, si l'on considère que Jacques Cœur était très connu et très apprécié dans le Languedoc, où il résidait une partie de l'année comme un des commissaires pour l'assemblée des états ; que la ville de Castres, où la fabrication des draps était déjà florissante, devait lui conserver un souvenir reconnaissant ; car il avait eu un soin particulier de soutenir et de favoriser le commerce de la province et les Etats lui avaient souvent accordé des gratifications pour ce sujet. Rien donc de surprenant si Castres eût fait accueil à sa femme dans l'infortune.

Mais, d'autre part, pourquoi Madame Cœur ne se serait-elle pas retirée auprès de son fils, alors archevêque de Bourges, prélat considéré et très capable par sa situation d'assurer à sa mère repos

(1) *Reculhiro.*

et sécurité ? D'ailleurs c'eût été chose grave de la part du juge et du consul de Castres de donner à la femme de Jacques Cœur le titre d'Argentière qui ne lui appartenait plus.

Ceci nous conduit à proposer une autre hypothèse : Othon Chastelain, ancien trésorier de la sénéchaussée de Toulouse, est argentier du roi à la place de Jacques Cœur. Comme ce dernier, il est obligé de résider fréquemment en Languedoc pour les affaires du roi. La peste sévit dans cette province depuis 1451. Madame l'Argentière a fui devant le fléau jusqu'à Lavaur. Là, ne se sentant pas encore en sûreté, elle demande aux consuls de Castres de vouloir bien la recevoir dans leur ville ; ce à quoi ceux-ci acquiescent bien volontiers.

Si Madame l'Argentière avait peur de la peste, les habitants de Castres n'étaient pas non plus très rassurés. Le bruit s'était répandu dans cette ville que Jean Faia, maselier, était mort de la peste, il ne se trouva personne pour le vouloir enterrer *(rebonre)*. Les consuls durent louer un vagabond de passage, un coquin étranger *(un coquin stranh)* qui, moyennant dix sous tournois, consentit à remplir cet office.

Cette année, le maître-mage des écoles de Castres, est Mr Jean Castel, bachelier ès arts. Les consuls ont loué pour lui, au ministre de la Trinité, un lit qui se compose d'une coussère, d'un coussin, de deux draps et d'une couverture *(flassada)*. Les maîtres-mages ne faisaient guère qu'un an de séjour dans la même ville ; aussi voyageaient-ils avec un bagage des plus restreints, et sans doute une bourse à l'avenant.

1456 (1)

Consuls : Me Bec CABRIOL, bachelier ès lois.
Jacques RASCAS.
Isarn BORGUAS.
Pierre LAUR.

Les consuls mettent des surveillants (*bayles*) aux portes de la ville, afin d'empêcher d'entrer les personnes qui viennent des lieux atteints par l'épidémie (*empidemioses*).

— Trois processions générales eurent lieu par ordre des consuls, les 6, 7 et 8 juillet, afin qu'il plut à Dieu d'arrêter les grandes pluies qui empêchaient de recueillir les blés. A cette occasion et les mêmes jours, le révérend Me Guillaume Narbonnés prononça trois sermons à l'église de St Benoit, pour lesquels il lui fut alloué par la ville une gratification de 15 sous tournois.

— Bertrand de Rocolas avait fondé, par son testament, sous l'épiscopat d'Aimeric Natalis (1418-1421) une chapellenie dont les titulaires étaient à la nomination des consuls et payés par eux sur les revenus des biens légués par Bertrand. Quelquefois le paiement de ces pensions se faisait attendre. Alors le chapelain lésé portait plainte à l'évêque, lequel excommuniait les consuls. C'est ainsi que les consuls durent solliciter, le 21 octobre, des lettres d'absolution de l'excommunication qui avait été lancée contre eux, à la requête de l'un des chapelains, M. Martin de Maransas.

(1) Archives de Castres.

Les notaires, en tant que clercs, jouissaient du même privilège : En 1453, Me Guillem Silvestre, bachelier ès arts, maître-mage des écoles, avait intenté un procès à la ville, sans doute au sujet de ses appointements ; la ville perdit le procès, et les dépens restèrent à sa charge. Comme elle ne se pressait pas de les payer, Me Siméon Planès, notaire du demandeur, en l'étude duquel l'affaire avait été menée, fit requête à l'évêque, et deux des consuls, Jacques Rascas et Pierre Laur, furent excommuniés (*scumengats*). La ville dut s'exécuter, payer les 3 livres de dépens auxquels elle avait été condamnée, plus 9 sous pour l'expédition d'une lettre d'absolution.

— Le fils de Pierre Prades est mort de la peste ; son père et sa mère restent enfermés dans leur maison pendant vingt-un jours, avec défense d'en sortir. On leur donne un secours de 21 sous.

1457 (1)

Consuls : Jean CABROL.
Gervais GRANATIER, bourgeois.
Jean GUIRAUD, id.
Jean MORRUT.

Des mesures plus énergiques et même inhumaines sont adoptées contre l'épidémie, jusqu'à expulser de la ville les personnes qui étaient soupçonnées d'en être atteintes. C'est ainsi que, dans le mois de juillet, Jean Dubois et sa femme furent je-

(1) Archives de Castres.

tés hors de la ville ; la servante de Huc Solier et la femme de Guiraud Fontés subirent le même sort. Mais devant la recrudescence du fléau, ces mesures préventives furent vite abandonnées. Le livre des comptes, le seul document qui nous reste pour reconstituer l'histoire de cette époque, ne fait plus mention que des salaires payés aux divers fossoyeurs supplémentaires, qu'il avait été nécessaire de recruter.

Des quatre consuls, un seul, Jean Guiraud, était resté à son poste.

Me Guillem Silvestre, le maitre-mage des écoles, fut obligé de suspendre ses cours pendant quatre mois, à cause de la mortalité.

1458 (1)

Consuls : Me JACQUES VILIEN, jeune, bachelier ès lois,
Me DOMINIQUE GARNIER, notaire.
GUIRAUD LABROSSE.
RAMOND AMIEL.

Guillem Charinel est nommé observateur (*bayles*) du temps, pour quatre mois, à partir du mois de mai, afin de sonner la cloche de la ville, quand il tonnera ou qu'il en sera autrement besoin, — à raison d'un mouton d'or par mois.

Le *6 août*, mourut Mgr Marald de Condom, évêque de Castres. Il occupait le siège depuis 1449

(1) Archives de Castres.

CHAPITRE XIV

Jacques d'Armagnac, duc de Nemours,

Comte de Castres.

1459—1477

1459 (1)

Consuls : PIERRE ADHÉMAR, notaire.
JEAN RASCAS, marchand.
RAMOND SCORBIAC, Id.
JEAN CABANES.

Jacques d'Armagnac, comte de la Marche et de Castres, plus connu sous le nom de duc de Nemours et dont nous aurons à raconter plus tard la mort tragique, Jacques, fils et successeur de Bernard, prit possession de son comté de Castres et fit son entrée dans cette ville, le 2 décembre 1459. Il venait du château de Roquecourbe et fut reçu par les consuls à la porte de l'Albinque, sous un dais en drap d'or orné d'écussons aux armes de la ville et aux siennes. Le comte montait un cheval que la ville avait acheté pour lui au prix de 150 écus d'or, lequel était magnifiquement caparaçonné de drap vermeil d'Angleterre et dont le harnais était orné de boules en cuivre doré. Les consuls prirent en main les cordons de soie et d'or qui étaient attachés au frein du coursier, et le comte, comme guidé et conduit par eux, fit son entrée dans sa bonne ville de Castres.

---

(1) Archives de Castres.

En tête du cortège marchaient les ménétriers de la ville, auxquels s'étaient joints ceux des localités environnantes. Ces musiciens faisaient retentir l'air des sons de leurs instruments, flûtes, tambourins, rebecs, musettes, *caraminas.* A leur suite, venaient les enfants de la ville, portant au bout de verges de vigne vierge (*vayssa*) des panonceaux aux armes de la ville et du comte. On remarquait aussi dans ce cortège un groupe de personnages masqués représentant des sauvages, des marchands et des notaires, qui amusèrent le comte par leurs danses et pantomimes. Les sauvages portaient un étendard peint et historié par le peintre Jean Guiraud. Les masques (*caretas*) étaient aussi de la façon de cet artiste.

Le lendemain, le comte fut harangué dans la salle du chapitre des Frères-Prêcheurs par le « religieux, vénérable et circonspect » seigneur Antoine Cabriol, docteur en décrets, régent-professeur (*regen-ligen*) à l'université de Toulouse.

Le discours prononcé dans cette circonstance par Me Antoine Cabriol était, suivant l'usage du temps, divisé en plusieurs points ou propositions (*proposicios*). On peut présumer que ce savant personnage sut conquérir les suffrages de tous par son talent et son érudition ; mais nous n'avons aucun renseignement à cet égard.

Antoine Cabriol était sans doute de Castres, du moins il nous plaît de le revendiquer pour tel. Il y avait à Castres une famille distinguée de ce nom. Bec Cabriol, licencié en droit, avait été consul en 1456 et devait l'être de nouveau en 1460. Nous conjecturons que les Cabriol demeuraient dans une maison de la rue Nabrissone où l'on voit encore, au-dessus d'une porte à ogive, des armes parlantes représentant un chevreau (*cabrol, cabriol*) dressé sur ses pattes de derrière.

Quoi qu'il en soit, Antoine Cabriol avait consenti, sur la prière des consuls, à venir à Castres et à rehausser l'éclat de la fête par son éloquence. Les consuls voulaient lui donner six écus d'or pour le défrayer des dépenses de son voyage, aller et retour ; mais le bon docteur ne voulut accepter que deux écus.

Comme don de joyeuse entrée, la ville fit présent à M. le comte de 300 écus d'or. Lorsque les consuls Pierre Adhémar et Jean Rascas présentèrent cette somme à Jacques d'Armagnac, ce dernier remarqua qu'il y avait parmi pour cinquante écus environ de faible monnaie, telle que *quarts* et *tolzas* et déclara qu'il ne voulait être payé qu'en écus ; ce à quoi on s'empressa de déférer.

En échange de cette libéralité, le comte donna des lettres de confirmation des libertés et franchises de la ville de Castres.

— « Aux états de la province, tenus à Béziers en décembre 1459, les commissaires du roi demandèrent une aide de cent vingt mille livres. L'assemblée en accorda cent quatorze mille, sous diverses conditions contenues dans le cahier des doléances qu'elle leur présenta par ses députés. Les états y représentaient la stérilité que souffrait la province depuis trois ans, le tiers du peuple ayant manqué de pain ; les ravages que la peste et la mortalité, qui avaient régné dans le pays, y avaient causés; en sorte que, depuis dix ans, le tiers de ses habitants avait péri. » (1)

La part à payer par Castres dans ce subside fut de 692 livres.

1460 (2)

Consuls : Me Bec CABRIOL.
François BOFFARD.
Me Jacques MÉLI, notaire.
Pierre CARLARET.

Le 26 juin, les consuls Bec Cabriol et François-Boffard, accompagnés de plusieurs habitants notables, allèrent à Roquecourbe pour faire leurs compliments et dire leur *proficiat* à Mgr l'Evêque dont les bulles venaient d'arriver. Le nouvel évêque de Castres était Jean d'Armagnac, frère de Jacques, comte de la Marche et de Castres.

Dès la mort de Marald de Condom (1458), le roi Charles VII avait prié le pape Pie II de nommer à sa place Jean d'Armagnac. Le Pape s'en était d'abord défendu sur ce que Jean d'Armagnac n'avait pas l'âge de vingt-cinq-ans requis par les sacrés canons pour être élevé à l'épiscopat. Il est douteux que, deux ans après, Jean remplit cette condition ; car nous trouvons que, lors de sa promotion, il n'avait pas encore terminé ses études et qu'il dut revenir à Toulouse pour les compléter.

(1) Dom Vaissète.

(2) Archives de Castres.

Cette même année 1460, Madame Marie de Bourbon vint résider à Lacaze, dans la maison de campagne de l'évêque. Les consuls lui firent, présent de chapons, d'oies (*aucats*), de poulets, de confitures et d'une corbeille de poires, afin qu'elle tint la ville pour recommandée. Cette princesse était la grand'-tante de Jacques et de Jean d'Armagnac. Elle était fille de Jean de Bourbon, comte de la Marche et de Castres, et de Catherine de Vendôme, et sœur de l'aventureux comte de Castres Jacques, roi de Hongrie et de Jérusalem. Son existence fut aussi des plus tourmentées. Nous n'en connaissons les détails que d'une manière imparfaite ; mais voici quelles en furent les principales circonstances.

Il y avait à la cour de Madame Catherine de la Marche, mère de Marie de Bourbon, un jeune gentilhomme nommé Jean de Beyne, seigneur d'Escroux, que cette dame avait fait en 1395, ainsi que nous l'avons vu, son sénéchal pour le comté de Castres. Ce gentilhomme parvint à plaire à Marie de Bourbon et, comme il n'y avait pas d'apparence que Madame de la Marche consentit jamais à lui donner la main de sa fille, il l'enleva et se maria avec elle. Les princes de la maison de Bourbon, indignés de cet affront, les poursuivirent longtemps l'un et l'autre. Jean de Beyne finit par tomber entre leurs mains, et ils le firent noyer, sans doute après jugement, ainsi que ce genre de supplice semble l'indiquer.

Après la mort du sieur d'Escroux, Jacques de Bourbon fit enfermer sa sœur au château de Curvalle en Albigeois, où elle languit plus de trente ans. Enfin le roi Charles VII, informé de cette longue captivité, la fit remettre en liberté.

Maintenant nous la retrouvons assise au foyer de son neveu l'évêque de Castres. Elle était très âgée et sans doute bien près de sa fin; car en cette même année 1460, étant *accueillie de maladie*, elle fit son testament au château de Lacaze, dans la chambre dite des *abbats* en faveur d'Eléonor de Bourbon, comtesse de Castres, son héritière universelle, à la quelle elle substitua Jacques et Jean d'Armagnac.(1)

Les de Beyne d'Escroux ont joué un rôle important dans l'histoire du comté de Castres. En 1368, Jean de Beyne, seigneur d'Escroux, est sénéchal du comté de Castres. Le comte Bouchard de Vendôme lui fit don, cette même année, dans son château de Roquecourbe, de tous les droits seigneuriaux qu'il avait au lieu de Viane, « et ce pour les agréables services qu'il dit avoir reçus et recevoir tous les jours de lui, qui avait souvent hasardé sa vie pour la conservation de la sienne. » (2)

Le même Jean d'Escroux est gouverneur du comté de Castres pour M. de la Marche en 1376 et prend part aux divers combats que nécessite la défense du pays contre les incursions des compagnies de routiers.

Enfin, un autre Jean d'Escroux, fils et successeur du précédent, est sénéchal de Castres en 1395. C'est le héros de la romanesque aventure que nous venons de raconter et qui eut une si triste fin pour lui.

Après cette digression, hâtons-nous de revenir à notre chronique.

---

(1) Borel. *Antiquités de Castres.*
(2) Borel. *Ibid.*

28 juin. — Les consuls demandent des prières aux Frères-Prêcheurs et aux Frères-Mineurs, afin qu'il plaise à Notre-Seigneur d'arrêter (*estancar*) le grand vent d'autan qui menace de faire périr la récolte.

1461 (1)

Consuls : Mº Honoré BALAGUIER.
Mº Pierre VALETTE, notaire.
Antoine GARDET.
Pierre AMIEL.

Le roi Charles VII mourut à Behun-sur-Yeurre en Berri, le 22 juillet 1461.

Les consuls de Castres, de mandement de Mgr l'Evêque, firent célébrer, le 31 août, une messe à l'église de Saint-Benoit « pour l'âme de notre souverain seigneur, le roi de France, que Dieu pardonne. »

Les consuls, portant un drap de deuil orné des armes du roi, se rendirent de la maison commune à l'église Saint-Benoit. Devant eux, s'avançaient en procession le clergé et les religieux de la ville avec les croix de toutes les églises et notamment la vraie croix de la Platé.

Au sortir de la messe, les consuls donnèrent à dîner dans une chambre du consulat aux personnes notables qui avaient assisté à la cérémonie. Ce dîner, entre pain, vin, viande de mouton, poules, *carsalade*, fromage et fruit, coûta à la ville 4 livres, 1 sou, 3 deniers.

(1) Archives de Castres.

Le Languedoc contribua au maintien du roi Charles VII sur le trône : 1° par des secours en argent; 2° par la part importante que prirent la noblesse et les milices de cette province à l'expulsion des Anglais qui occupaient la Guienne. Aussi le roi prit-il un soin particulier de le maintenir dans ses libertés et privilèges et même de lui en accorder de nouveaux. C'est à son règne qu'il faut rapporter l'origine des assemblées annuelles des états-généraux du Languedoc, composés des trois ordres et appelés à consentir les subsides et impôts (1). Ces assemblées surent plus d'une fois modérer les demandes des commissaires royaux ; nous en avons donné un exemple pour l'année 1459.

Un des premiers soins du roi Louis XI, à son avènement au trône, fut de combler de ses bienfaits Jacques d'Armagnac, comte de Castres. Il lui donna le duché de Nemours qu'il érigea en pairie et qui comprenait des domaines immenses. Le roi aimait Jacques tendrement et comme un ami d'enfance ; car il avait été élevé avec lui, au temps où Bernard, père de Jacques, était son gouverneur.

En même temps, il accorda des lettres de grâce à Jean V, comte d'Armagnac, cousin de Jacques, lequel avait été banni du royaume et dont les biens avaient été confisqués, à cause des méfaits qu'il avait commis et notamment pour s'être marié avec sa sœur Isabelle. Le roi lui rendit ses domaines.

---

(1) Dom Vaissète.

1462

Consuls : Me BERNARD LAROQUE, bachelier
en l'un et l'autre droit.
Me JEAN PARIA.
Me PIERRE LAPRADE, notaire.
JEAN AUGIER.

En 1462, le roi envoya une armée en Catalogne pour réduire cette province qui s'était soulevée contre le roi Jean d'Aragon. Afin d'obtenir ce secours, le roi d'Aragon avait mis en gage aux mains du roi de France le Roussillon et la Cerdagne, comme garantie du remboursement qu'il devait lui faire des frais de la guerre. Mais il ne fut pas en état de tenir ses engagements, et ces deux pays restèrent acquis à la France.

Cette expédition occasionna des passages et des séjours de troupes à Castres qui ne donnèrent pas peu d'ennui aux habitants. Ainsi dans le mois de juin, Gaston du Lyon, sénéchal de Saintonge, est de passage à Castres avec ses gens d'armes, il faut que la ville le défraie lui et sa troupe de pain, de vin, d'avoine et d'autres provisions.

En même temps, arrive à Castres noble Mathieu de Grave, seigneur de Vilaigli, commissaire envoyé pour ramasser et prendre farines, vin, avoine, salaisons, fromages et autres vivres pour la provision des gens d'armes du roi qui sont en Catalogne. Les consuls font accord avec lui, moyennant dix écus d'or qu'ils lui donnent, que « les gens laïques » de la ville ne seraient pas touchés par les réquisitions. Cet arrangement où ne brillaient ni l'intégrité du seigneur de Vilaigli, ni l'impartialité des consuls, eut le succès qu'il méritait. Bientôt les consuls furent obligés de députer noble Jean Peyrusse, seigneur de Boissezon de Marvielh, auprès du duc de Nemours, pour lui représenter les grands abus commis par les commissaires dans les réquisitions qu'ils faisaient subir à la ville de Castres, et le prier d'y mettre un terme.

3 octobre. — Les Frères-Prêcheurs de la province tiennent leur chapitre à Castres. A cette occasion, la ville donne au couvent de St-Vincent, pour l'aider à supporter les frais que cette réunion lui impose : quatre *saumades* de vin, quatre setiers de mossola, une *védelle* et quatre moutons avec leur laine *(am lana)*.

Dans ce même mois d'octobre, la peste fait de nouveau son apparition à Castres. Me Henri Balaguier, notaire, est chargé du soin de faire jeter hors de la ville les personnes qui sont touchées par l'épidémie, c'est-à-dire qui ont été soumises à son influence *(gitar fora de la villa aquels que ero toquats de empedemia)*.

Guillaume Vilien et Jean Joglar de Villegoudou ont enseveli le valet de Guillaume Guorbel, mort pestiféré ; on les expulse de la ville ; et comme ils n'ont pas de quoi vivre, on leur donne 12 sous, 6 deniers.

24 décembre. — Mgr l'Evêque est venu à Castres pour célébrer les fêtes de Noël. La ville lui fait présent de cinq paires de chapons, cinq paires de perdreaux et deux lapins.

1463 (1)

Consuls : Jacques GENIBROSA, marchand.
Me Guillaume de NOGAYROLS, notaire.
Guillaume SEURA.
Ramond AUGIER.

9 avril. — M. le duc de Nemours est venu à Castres. Les consuls lui font cadeau de douze poulets, douze pigeons, six chapons et de douze livres de confiture.

12 mai. — Le bruit se répand à Castres que des *coquins* courent le pays pour mettre le feu aux maisons et qu'ils veulent faire à Castres ce qu'ils viennent de faire à Toulouse. Aussitôt on prend des précautions et on organise le guet pour garder la ville pendant la nuit.

Au moment où cette panique éclata à Castres, la ville de Toulouse était en effet en proie à un terrible incendie qui avait commencé le 7 mai et qui dura douze ou quinze iours sans qu'on put s'en rendre maître. Les trois quarts de la ville furent consumés et un grand nombre de personnes périrent dans les flammes.

Le peuple se persuada que les nombreux Catalans, qui résidaient alors à Toulouse, étaient les auteurs de ce désastre et qu'ils avaient voulu se venger, en brûlant la ville, de l'action armée que le roi de France avait exercée contre leur pays. Sur

(1) Archives de Castres.

ce simple soupçon, les Toulousains coururent aux armes et ils allaient faire aux Catalans un mauvais parti, lorsqu'on vint à découvrir que le feu avait commencé à la maison d'un boulanger, située près des Carmes, et que l'imprudence du boulanger et de sa femme était la seule cause de ce terrible événement. Le juge d'appeaux leur fit le procès et les condamna à mort.

L'exécution était sur le point de se faire sur la place de la Trésorerie, lorsque le roi Louis XI, qui était à Toulouse depuis le 26 mai et dont le logis était précisément à la maison de la Trésorerie, s'enquit de ce qui se passait sous ses yeux et des motifs de la condamnation des deux malheureux qui allaient être livrés au dernier supplice. Il fut touché de compassion, voyant qu'ils étaient sacrifiés à la colère du peuple, et leur fit grâce. Le boulanger et sa femme moururent (1) peu de temps après de la frayeur qu'ils avaient éprouvée.

13 Juin. — Noble Germain de Vergnoles, seigneur de Campans, est envoyé à Toulouse vers le duc de Nemours. Il est porteur d'une lettre dans laquelle les consuls se plaignent des excès commis par les gens d'armes. Ceux-ci « prennent et ne paient pas, » contrairement aux ordres donnés par le roi et portés à Castres par noble Pierre Albert, son maître d'hôtel.

Cette année le duc de Nemours fut malade (*greu de sa persona*). Les consuls firent dire des prières pour le rétablissement de sa santé. Ils donnèrent à

---

(1) Dom Vaissète.

cet effet 20 sous aux Frères-Prêcheurs, 20 sous aux Frères-Mineurs et pareille somme aux sœurs mineures de Sainte-Claire.

Le duc de Nemours était extrêmement aimé des habitants de Castres ; ils lui prodiguaient les témoignages de leur affection, soit à l'occasion des visites nombreuses qu'il leur faisait, soit lorsqu'il était au château de Roquecourbe où il séjournait volontiers.

1464 (1)

Consuls : JACQUES RASCAS.
Me MICHEL GUILLOT, notaire.
JEAN GARANSOLLE.
PIERRE AMIEL.

Le duc de Nemours s'était marié, le 12 juin 1462, avec Louise d'Anjou, fille de Charles d'Anjou, comte du Maine. Les députés des trois états du comté de Castres se réunirent en 1463, à l'occasion de ce mariage et offrirent à la nouvelle duchesse un don de deux mille écus d'or. La quote-part de Castres sur cette somme était de 290 écus, 6 grains et 2 deniers d'or, qui furent payés au commencement de 1464.

Pendant toute cette année, la ville de Castres fut en grande crainte de la peste. La mère du duc de Nemours, Madame de la Marche, qu'on appelait aussi, pour la distinguer de sa belle-fille, Madame la *Maior*, fit venir les consuls à Roquecourbe, où

(1) Archives de Castres.

elle résidait, pour leur recommander instamment de faire bonne garde aux portes et d'empêcher d'entrer les gens venant de lieux atteints par l'épidémie. Les portes de la ville furent en effet gardées depuis le mois de juin jusqu'à la fin de l'année.

En même temps, les consuls font dire des messes, « afin que Dieu donne salut et santé à Mgr le duc de Nemours, comte de la Marche et de Castres, et garde cette ville et les habitants d'icelle de toute épidémie et de tout mal. » A la Platé, M. Guillem Calvinh, chapelain, récite chaque jour à la messe, pendant huit mois, la Passion de Notre-Seigneur Jésus-Christ. Pendant le temps de cette récitation, le cierge pascal brûle, et les chapelains Jacques de Belsoleil et Jean Amola sonnent les cloches.

Il fut donné à ces deux chapelains pour leurs peines, à chacun une paire de souliers (*savatas*) plus 15 sous tournois en argent.

Sans doute ces prières publiques furent efficaces, car il n'y eut à Castres que quelques cas d'épidémie, et encore paraissaient-ils assez douteux. Le valet de Dona Vibala était mort de la peste, à ce qu'on prétendait (*segon que se disia*). Il fut porté en terre, de nuit et sur une échelle, par Massi Pagés et Michel Isarn. Bien que la longueur de l'échelle semblât mettre les porteurs à l'abri de l'influence épidémique, ils n'en furent pas moins expulsés (*expellits*) de la ville par mesure de précaution. Avant leur départ, on les munit de pain, de vin et de quelqu'autre provision (*companatxe*). De plus, comme ils s'étaient loués à Guilhem Berlo, dont ils devaient scier et battre le blé, et qu'ils perdaient ce travail par suite de leur expulsion, les consuls leur donnèrent deux livres tournois d'indemnité.

Enfin, la sécurité étant complètement revenue, a ville peut obéir sans partage aux sentiments de courtoisie qui lui sont habituels à l'égard du duc de Nemours et de sa famille. Par délibération de leur conseil, les consuls, à l'occasion des fêtes de Noël, font présent à Madame de la Marche, à Madame la duchesse de Nemours et à Mgr l'Evêque de Castres, qui étaient alors à Roquecourbe, de 60 chapons, 60 lapins et 60 perdreaux. A ce cadeau étaient joints des torches en cire et des confitures et, à titre de politesse spéciale pour Madame la *Maior*, cent oranges et cent limons.

1465 (1)

Consuls : Mᵉ PIERRE LA DEN, bachelier en décrets.
JEAN GUIRAUD.
JEAN ALBAR.
BERNARD LAUR.

Les consuls agréent comme médecin de la ville Mᵉ Jean de la Bourdonière, bachelier en médecine, et par délibération de leur conseil, lui allouent trente livres de gages annuels. Ledit Mᵉ Jean s'engage à faire résidence continuelle à Castres, à servir de sa science aussi bien le pauvre que le riche et à visiter chaque semaine les malades des hôpitaux.

— Raimond Azays, clerc, maitre de l'école des *douze*, donne à loyer pour un an aux consuls la

(1) Archives de Castres.

maison de la dite école pour y loger Mᵉ Jean Séguret, maître-mage des écoles de Castres.

L'école des *douze pauvres* avait été fondée par Adéodat, premier évêque de Castres. On voit qu'en 1465 elle avait cessé de fonctionner, puisque le local qui lui était affecté devint le logement du maître des écoles de la ville.

— Les consuls font dire trois messes à l'église de St-Vincent afin que Dieu garde de tout péril et de tout mal Mgr le duc de Nemours, comte de la Marche et de Castres.

— Bernard de la Combe est chargé par les consuls de garder la porte de l'Albinque depuis le 25 septembre jusqu'au 31 octobre. Il doit prendre garde qu'aucun commissaire du roi n'entre dans la ville et « savoir nouvelles des allants et des venants. »

Le duc de Nemours était alors entré dans cette carrière de conspirateur qui devait avoir pour lui une si triste fin ; il venait de prendre les armes contre son souverain, et la ville de Castres était inquiète des suites que la conduite de son seigneur pouvait avoir pour elle.

Le roi Louis XI, par ses efforts énergiques et incessants en vue d'assurer à l'autorité royale ses justes prérogatives, avait soulevé contre lui toute la noblesse du royaume. Dans le nord, il avait à lutter contre son frère Charles, duc de Berri, contre le duc de Bourgogne et le duc de Bretagne. Dans le midi, le duc de Nemours et le comte d'Armagnac étaient ses ennemis acharnés; malgré les bienfaits dont il avait été prodigue à leur égard. Tous ces princes avaient formé contre le roi une ligue qu'ils appelaient : La ligue du bien public.

1466. — Le roi, à la demande des états réunis à Montpellier, met un impôt sur chaque charge de laine pesant trois cents livres, qui sortirait de la province de Languedoc. Cette mesure avait pour but de favoriser les manufactures du pays et d'empêcher de transporter les laines ailleurs ; ce qui ruinait ces manufactures. (1)

1469. — Le duc de Nemours et le comte d'Armagnac ne cessent pas de troubler l'Etat par leurs intrigues et leurs menées séditieuses ; ils favorisent les princes ennemis du roi ; ils font des levées de gens d'armes sur leurs domaines et on les soupçonne d'entretenir des intelligences avec les Anglais. Le roi nomme le comte de Dammartin son lieutenant en Gascogne et en Languedoc. Il le charge d'y réprimer tout désordre ; il lui donne aussi la mission de « s'informer de ceux qui ont eu intelligence avec l'évêque de Castres, frère du duc de Nemours, durant le temps qu'il a demeuré à l'étude à Toulouse, pour bailler la dite ville de Toulouse ès mains du duc de Nemours et de ses adhérents ; d'arrêter et de punir les coupables ; de défendre à toutes sortes de personnes et spécialement au duc de Nemours et aux comtes de Foix et d'Armagnac, qu'ils ne soient si hardis de mettre sus ne entretenir gens d'armes. » (2)

On voit par là que l'évêque de Castres n'était pas moins remuant que les autres membres de la famille d'Armagnac, et qu'il ne se piquait pas plus qu'eux de reconnaissance envers la faveur royale qui les

(1) Dom Vaissète.
(2) Ibid.

avait tous comblés et porté lui-même à l'épiscopat avant qu'il n'eût quitté les bancs de l'école.

Le roi, désireux de punir le comte d'Armagnac et le duc de Nemours, fit sa paix avec son frère Charles, afin de leur enlever son appui et lui donna la Guienne en apanage. Le comte de Dammartin, sur les ordres du roi, envahit alors, à la tête d'une nombreuse armée, les domaines du comte d'Armagnac. Celui-ci s'enfuit hors du royaume, fut déclaré, par le parlement, criminel de lèse-majesté et tous ses biens furent confisqués.

1470. — Le roi n'avait alors qu'à retourner ses forces contre le duc de Nemours pour l'anéantir. Mais l'ancienne affection qu'il avait pour lui n'ayant pas perdu toute son influence, il aima mieux patienter encore et conclut avec lui un traité. Le duc jura d'être fidèle au roi ; il consentit que tous ses biens fussent confisqués et unis au domaine de la couronne, s'il venait à manquer à son serment Il accorda de plus que tous les gens d'église, les nobles, les capitaines et les consuls de ses domaines feraient serment au roi de lui être fidèles. Il remettait, pour la sûreté de sa parole, la place de Lombers en Albigeois entre les mains du comte de Dammartin. En conséquence de ce traité, Jean de Longray, conseiller-clerc au parlement de Toulouse, fut commis pour recevoir le serment des habitants du comté de Castres (1).

1471. — Louis XI confirme les privilèges accordés par les rois ses prédécesseurs aux foires de

(1) Dom Vaissète.

Pézénas et de Montagnac, qui avaient été instituées pour *l'entretènement de la marchandise.* Le roi décida notamment que les foires de Pézénas dureraient dix jours et que dans ces dix jours les dimanches et fêtes ne seraient pas compris (1).

1473. — Le comte d'Armagnac était rentré en possession de ses Etats, grâce à la connivence de Charles, duc de Guienne. Ce prince avait été excité à lui tenir la main par le dépit qu'il éprouvait de ce que la confiscation des biens de ce comte, qui avait été faite en 1469, ne l'eût pas été à son profit. Le comte d'Armagnac fut assiégé par l'armée royale dans Lectoure, où il se défendit avec beaucoup de vigueur. Mais enfin cette ville fut prise d'assaut au bout de deux mois de siège, et le comte périt enveloppé dans le massacre de tous les habitants.

1476. — Le duc de Nemours avait été de tout temps de connivence avec le comte d'Armagnac ; il l'avait encouragé et aidé dans sa dernière rebellion. Il avait, de plus, comploté avec le duc de Bourgogne de s'assurer de la personne du roi et de celle du dauphin Et cependant il venait alors d'être une fois encore pardonné par le roi et de lui faire serment sur les reliques de la Sainte-Chapelle qu'il n'attenterait rien qui lui fut préjudiciable. Son ingratitude et sa perfidie le conduisirent à sa perte. Le duc de Nemours fut assiégé et pris dans son château du Carlat en Auvergne. Le roi, qui était alors à Lyon, le fit conduire dans cette ville et je-

(1) Dom Vaissète.

ter dans la tour de Pierre Scise. Il y subit une prison si dure que ses cheveux blanchirent en peu de jours. Puis il fut transporté à Paris et enfermé dans une cage de la Bastille. Il reste du roi une lettre cruelle dans laquelle il se plaint des ménagements qu'on a pour le prisonnier, « de ce qu'on le fait sortir de sa cage, de ce qu'on lui a ôté les fers des jambes. » Il recommande de le mettre à la torture (1) « de le géhenner bien estroit, de le faire parler clair. »

Le parlement de Paris, qui avait été chargé de le juger, le condamna à être décapité.

Le 4 août 1477, Jacques d'Armagnac, duc de Nemours, comte de la Marche et de Castres, fut conduit sur un cheval drapé de noir aux Halles de Paris où l'échafaud était dressé, et sa tête tomba sous la hache du bourreau.

---

(1) Michelet. *Histoire de France.*

CHAPITRE XV

Bouffil de Juge, comte de Castres. — Réunion du comté de Castres au domaine de la couronne. — Institutions, Coutumes. Aspect et description de la ville de Castres au XVme siècle.

1477-1519

Tous les biens du duc de Nemours ayant été confisqués, le roi en fit le partage entre divers seigneurs. Par des lettres datées de Thérouenne du 19 août 1477, il donna le comté de Castres et la baronnie de Lésignan à Bouffil de Juge, chevalier lombard, qu'il avait fait son chambellan et nommé vice-roi de Roussillon et de Cerdagne. Le roi donna ce comté à Bouffil pour lui et ses descendants mâles et femelles, sous la redevance d'une coupe de vermeil de deux marcs à chaque mutation. (1)

Louis XI dérogeait par là à la clause du traité qu'il avait conclu en 1470 avec le duc de Nemours, suivant laquelle le duc consentait, s'il manquait à la fidélité qu'il devait au roi, à ce que tous ses biens fussent confisqués et unis au domaine de la couronne. Le procureur-général près le parlement de Toulouse s'appuya sur cette clause pour s'opposer à la donation. Cependant Bouffil rendit hommage au

---

(1) Dom Vaissète.

roi pour le comté de Castres et la seigneurie de Lésignan ; et il fut mis en possession de ces domaines, le 30 octobre 1477, par Louis d'Amboise, évêque d'Albi, que le roi avait nommé commissaire à cet effet. Bouffil présenta les lettres du roi au parlement de Toulouse, le 28 mai 1478. pour les faire enregistrer ; mais le parlement s'y refusa, sur nouvelle opposition du procureur général.

Mal accueilli par les habitants de Castres qui étaient restés attachés à la famille de leur ancien seigneur, tenu en échec par le parlement de Toulouse, Bouffil ne prit pas sous de favorables auspices possession de son nouveau domaine. Il se maria en 1480 avec Marie, sœur d'Alain d'Albret, comte de Dreux, qui lui apprta trente mille livres tournois de dot sur la seigneurie de Saint-Sulpice, dans le diocèse de Toulouse.

Louis XI mourut le 30 août 1483. Son fils et successeur, Charles VIII, signala son avènement au trône par un acte de clémence en faveur de Jean, Louis, Catherine, Marguerite et Charlotte, enfants mineurs du feu du de Nemours. Jacques de Luxembourg, seigneur de Richebourg, leur oncle, et Gacien du Faur, président au parlement de Toulouse, qui leur avaient été donnés pour conseil, ayant représenté qu'ils n'avaient pas de quoi subsister, le roi leur donna, le 20 octobre 1483, le château de Chatelleraut pour leur demeure et six mille livres de rente sur la vicomté de Chatelleraut. (1)

On a raconté que les enfants du duc de Nemours avaient été placés sous l'échafaud de leur père, afin

(1) Dom Vaissète.

d'être arrosés de son sang ; mais ce récit n'a rien d'authentique et n'a pour garant aucun auteur contemporain. Ce qui est plus certain et non moins odieux, c'est que Bouffil se fit livrer par le roi le fils aîné du duc de Nemours, sous prétexte de veiller à son éducation, qu'il le conduisit au château de Perpignan, dans un pays où la peste exerçait alors ses ravages, et que ce jeune seigneur y mourut au bout du peu de jours.

La clémence de Charles VIII s'étendit aussi sur Jean d'Armagnac, évêque de Castres. Ce prélat avait été condamné à l'exil et s'était réfugié à Rome. Charles le rappela de son ban et lui rendit le temporel de son évêché qui avait été saisi.

La présence à Castres de Jean d'Armagnac suffit à soulever les populations contre la domination de Bouffil. Les officiers de ce dernier furent chassés de partout, excepté des places de Roquecourbe et de Lombers qui, seules, restèrent entre leurs mains. La guerre se trouva ainsi engagée entre Bouffil de Juge et l'évêque de Castres. Bouffil amena dans le comté de Castres un corps de gens d'armes qui assiégèrent la ville de Boissezon, s'en emparèrent, la mirent au pillage et passèrent les habitants au fil de l'épée. Espérausses subit le même sort. Bonffil assiégea ensuite la ville de Viane et, après l'avoir obligée à capituler, il la pilla et mit le feu au château. Puis il prit d'assaut la ville d'Alban qu'il pilla ainsi que l'église. Enfin, il se présenta devant Castres, fit le dégât dans tous les environs et les mit au pillage (1).

(1) Dom Vaissète.

Tous ces actes de guerre, accompagnés et suivis d'interminables procès, durent donner au pouvoir royal une violente envie de mettre la main sur l'objet en litige. Quoi qu'il en soit, Bouffil eut le dernier mot dans ce conflit ; l'évêque Jean d'Armagnac fut obligé de se retirer de nouveau à Rome, où il mourut en 1493; et Bouffil resta en possession du comté de Castres.

Certains auteurs font monter sur le siège épiscopal de Castres et donnent pour successeur à Jean d'Armagnac César Borgia, fils du pape Alexande VI. C'est une erreur ; César Borgia ne fut jamais évêque de Castres. Il fut simplement administrateur du diocèse pendant la vacance du siège, et quatre ou cinq mois seulement. Du reste, il ne cessa pas pendant ce temps-là de résider à Rome. Ceci est démontré par une série d'actes concernant le Chapitre qui vont du 27 novembre 1494 au 21 février 1495, et dans le préambule desquels César, cardinal de la sainte Eglise Romaine du titre de Sainte-Marie-La Neuve, en résidence à Rome *(in curiâ Romanâ agente)* est mentionné comme administrateur de l'église et de l'évêché de Castres. (1) Dès le 22 mai 1495, il n'est plus question de César Borgia dans le recueil d'actes sus-mentionné, mais de Charles de

---

(1) *In nomine Domini, amen. Noverint universi et singuli, pariter presentes et futuri : ex anno ab incarnatione Domini* 1495, *die* 24 *mensis Januarii, illustrissimo principe et domino Karolo Dei gratià rege Francorum regnante, et reverendissimo in Christo patre et domino Cesare tituli Sanctæ Mariæ Novæ, cardinali Valentinii, administratore perpetuo ecclesiæ et episcopatus Castrensis, in curiâ Romanâ agente..... — Archives de Castres.*

Martigny, évêque de Castres et vrai successeur de Jean d'Armagnac.

Bouffil de Juge n'avait eu de son mariage avec Marie d'Albret qu'une fille nommée Louise Marie d'Albret la maria sans le consentement de Bouffil et malgré lui, à Jean de Montferrand, écuyer. Celui-ci s'empara à main armée, de concert avec sa femme et sa belle-mère, des châteanx de Roquecourbe et de Lombers et fit main basse sur les meubles, l'argenterie, les effets et l'argent de son beau-père. Bouffil fut obligé de lui déclarer la guerre.

Nous n'avons aucun renseignement sur la lutte qui suivit cette déclaration et dans laquelle Bouffil fut aidé de troupes et d'argent par son beau-frère Alain d'Albret.

Cependant une reconciliation fut ménagée entre les belligérants, dont les conditions furent acceptées par eux le 3 mai 1494. Mais elle ne fut pas de longue durée, Charles de Montferrand n'ayant pas voulu rendre à son beau-père le château de Lombers, contrairement aux engagements qu'il avait pris.

Dans sa légitime indignation contre sa femme, sa fille et Charles de Montferrand, Bouffil les deshérita, le 22 septembre 1494, et par le même acte daté de Castres en la maison de la trésorerie du comté, il fit une donation entre vifs du comté de Castres et de ses dépendances en faveur d'Alain d'Albret et de ses héritiers.

En 1497, Bouffil confirma cette donation par son testament. Alain d'Albret prit possession du comté de Castres du vivant de son beau-frère.

Bouffil de Juge mourut au château de Roquecourbe le 10 août 1502. Son corps fut porté à Castres et on en fit la remise au chapitre de St-Benoit, à la porte de l'Albinque. Huit Frères-Prêcheurs chargèrent le cercueil sur leurs épaules et le cortège se mit en marche. Il était composé des chanoines du chapitre, des consuls, des religieux, du clergé des paroisses et enfin de tous les *gens de bien de la ville*. Le service funèbre, présidé par l'évêque Charles de Martigny, se fit à l'église de St-Vincent, où le corps de Bouffil fut enseveli au côté droit du maître-autel (1).

Après la mort de Bouffil de Juge, le comté de Castres fut disputé à Alain d'Albret par Marie, veuve de Bouffil, Louise sa fille et les enfants du duc de Nemours. Les longs procès auxquels cette succession donna lieu prirent fin par un arrêt du Parlement de Paris, rendu le 10 juin 1519, par lequel le comté de Castres fut réuni pour toujours au domaine de la couronne.

Me Prévot, conseiller au Parlement de Paris, fut chargé de l'exécution de cet arrêt. (*) Il vint à Castres à cet effet, et le 26 mars 1521, il reçut, au nom du roi François Ier, le serment de fidélité des consuls, qui lui firent aussi la remise des clefs de la ville.

Cette date du 26 mars 1521 clôture ce qu'on pourrait appeler l'histoire de Castres pendant le moyen âge ; elle mettra fin aussi au travail que nous avons

---

(1) Voir dans l'annuaire du *Département du Tarn*, année 1862, une intéressante relation des obsèques de Bouffil de Juge, insérée par M. E. Jolibois.

(*) Voir la pièce justificative, n° I

entrepris, non sans quelques témérité, de retracer les annales de cette ville.

Mais notre tâche ne serait pas complète, si nous ne mettions ici quelques notions intéressantes qui n'ont pu trouver leur place dans la trame de notre récit. Il conviendra aussi de faire au lecteur la description de la ville de Castres, telle qu'elle était à l'époque où nous sommes parvenus, description d'autant plus nécessaire, que les monuments qui en faisaient alors la parure ont complétement disparu.

Justice consulaire. — Le tribunal du Seigneur jugeait les affaires criminelles ; celui des consuls connaissait de certaines affaires civiles et notamment des procès de mitoyenneté. Les consuls réprimaient les déprédations et maraudages, les dégâts commis dans les champs et les jardins ; ils appliquaient les amendes qui étaient prévues pour ces différents délits. Les délinquants, qui ne pouvaient payer l'amende et réparer les dommages causés, subissaient une peine corporelle, « c'est à savoir de la fustigation de telles personnes par la cité de Castres, en laquelle fustigation les consuls les peuvent condamner de leur propre autorité. »

Les consuls avaient aussi « connaissance et coercion par tout le consulat sur les poids et mesures du blé, vin, huile, drap et autres choses que l'on a à coutume mesurer et peser. Et s'il y a faux poids ou mesure, celui qui en use en ledit consulat doit être puni en 60 sous tournois. » Une disposition particulière atteignait les débitants de vin qui vendaient à fausse mesure ; le vin contenu dans le vaisseau ou barrique ainsi débité leur était confisqué.

Quant aux boulangers pris en faute de vente à faux poids, ils étaient redevables d'une fournée de pain au profit des ladres ou autres pauvres de la ville.

Instruction publique. (*)— Ce ne fut guère avant la fin du 14me siècle que la ville commença à encourager l'instruction primaire et secondaire. Elle était donnée par trois professeurs, dont l'un le régent principal ou maitre-mage avait autorité sur les deux autres, lesquels prenaient titre : l'un de *poëte* et l'autre de *bachelier*. Les écoliers étaient partagés en trois classes ou auditoires. Dans la première dirigée par le bachelier, il y avait les écoliers apprenant l'alphabet, ceux lisant et apprenant l'office de Notre-Dame et enfin les *partistes*, ou élèves étudiant la grammaire (les *parts* du discours).

La deuxième classe était composée des *grammairiens*. Le *poëte* qui en était le professeur, était chargé d'initier ses élèves à l'étude et à l'explication des auteurs de l'antiquité, poëtes et prosateurs.

Enfin le maitre-mage avait sous sa direction les logiciens, philosophes et théologiens.

Le maitre-mage était tenu « de lire et faire lire toutes leçons nécessaires aux dits écoliers et de sciences permises et non d'aucun livre prohibé et suspect. »

« Item. d'instruire, instituer et informer les dits écoliers en bonnes mœurs et sciences et ne leur montrer aucun mauvais exemple ni scandale. »

Il devait « amener et conduire les écoliers aux sermons et processions, à rang et sans faire bruit ni tumulte par la ville de Castres. »

(*) Voir la pièce justificative, n° II.

Il lui était enjoint d'empêcher ses écoliers de porter « armes ni harnais » ni de lever « *bandols*, dissentions et mutinations entre eux, pour que scandales puissent s'en suivre » et, le cas échéant, d'en instruire « Messieurs les consuls pour y donner ordre ainsi que sera de raison. »

Aux processions, le maître-mage, accompagné de son poëte et de son bachelier, se tenait derrière les écoliers, afin de les mieux surveiller et tenir en ordre.

Le tarif de la rétribution scolaire était fixé par voie d'accord entre les consuls et le maître-mage, mais seulement pour les écoliers « natifs et habitants de la ville de Castres et consulat d'icelle. »

Le règlement de 1542, que nous avons sous les yeux et d'où nous avons extrait les dispositions précédentes, établit ce tarif ainsi qu'il suit :

Les écoliers apprenant l'alphabet	5 sous tournois.
Ceux apprenant l'office de Notre-Dame ..	7 sous 6 deniers.
Les partistes	10 sous tournois.
Les grammairiens	15 sous tournois.
Les logiciens, philosophes et théologiens	20 sous tournois.

Les enfants orphelins de la ville et du consulat, notoirement pauvres, étaient dispensés du paiement de la rétribution scolaire ; mais en compensation, la ville allouait au maître mage une indemnité de 10 livres tournois.

Le maître-mage s'entendait avec les écoliers étrangers relativement à la quotité de leur rétribution ; ces derniers ne participaient pas au bénéfice du tarif sus-énoncé.

Le produit des rétributions scolaires était partagé par parts égales entre le maître-mage et ses deux collaborateurs ; mais la pension payée par la ville appartenait en entier au maître-mage.

Les maîtres étaient agréés par les consuls sur le rapport qui leur était fait de leur « idonéité, science, et capacité et des lectures, compositions et disputations » par eux faites et soutenues, en présence du père gardien du couvent de St François, de ses compagnons du dit couvent et d'autres personnes instruites de la ville.

La collation des chaires était donc le résultat d'un véritable concours. La ville ne négligeait rien pour y attirer des candidats, jusqu'à défrayer ceux-ci des dépenses de déplacement et de séjour que cet examen leur occasionnait.

L'instruction supérieure était donnée à Castres par les membres des congrégations religieuses et surtout par les Frères-Prêcheurs qui y faisaient des cours publics de théologie et de philosophie.

En 1303, les inquisiteurs faisaient une enquête à Castres au sujet d'incidents tumultueux qui s'étaient produits dans cette ville et qui étaient la conséquence de la lutte entreprise par Bernard Délicieux contre l'inquisition.

Un prêtre de la Platé, Jean de Recoles avait été arrêté en 1301, par le lieutenant du viguier d'Albi dans des circonstances que nous avons déjà racontées et sur lesquelles il est inutile de revenir.

Au cours de leur enquête, les inquisiteurs interrogèrent un des témoins appelés par eux, un clerc nommé Guillaume Barrière sur le temps auquel avait eu lieu cette arrestation. Le clerc répondit qu'il ne pouvait dire le jour exactement, mais que c'était vers le temps où on commença à *lire* dans la maison des Frères- Prêcheurs de Castres le quatrième livre des sentences de Pierre Lombard (*circa illud tempus quando incœpit legi quartus sententiarum in domo fratrum prædicatorum Castrensium.*) (1)

En 1383. Huc Colombier était *lecteur* et commentateur de la Bible (*legen la Bibla*) à Castres.

En 1384, douze francs sont donnés par la ville au maître en théologie des Frères-Prêcheurs, pour l'amour de Dieu, et comme rétribution du travail que lui impose sa *lecture*.

Il s'agit ici sous le nom de lectures, de véritables cours publics de théologie, de philosophie et d'Ecriture-Sainte.

Ordonnances sur les métiers. — Draperie. — Nous avons cité les principales dispositions de l'ordonnance concernant la fabrication des draps (*pararia*), ordonnance faite en 1393 par les « savants » (*savis*) seigneurs consuls de Castres, » Galot Marquier, Guillem Chabbert, Mᵉ Raimond Catusse et Jean Guiraud, apothicaire, et leur conseil ; nous donnons encore quelques extraits de cette ordonnance, afin de montrer combien était minutieuse la surveillance exercée par les préposés sur tous les détails de la fabrication :

« Que personne ne mette laines en vente, qu'elles ne soient bien lavées et séchées (*yssuchas*), à moins que la laine ne soit toute en suin ; et que la laine ne soit ni falsifiée ni *encamayrada*, sous peine de 12 deniers par *pesa* ; et la laine défectueuse serait

(1) Bernard Délicieux, par B. Hauréau.

confisquée pour être traînée, brûlée ou donnée, à la volonté des seigneurs consuls.

« Qu'aucun boulanger, ni tavernier, ni mazelier, ni autre personne n'ose donner ni prêter sur laines teintes (*tenchas*), ni sur *filhalas*, à moins qu'ils ne le fassent publiquement, à la place et en présence de témoins, sous peine de 2 sous tournois.

« Que les tisserands n'osent tenir les troques (*troquas*) (1) en autre lieu que dans des caisses (*arcas*) ou sur des perches (*pergias*), ou autres endroits convenables, afin qu'elles ne puissent prendre dommage ni toucher à terre, sous peine de 2 sous tournois. »

Boucherie. — « Il est défendu d'abattre (*trencar*) aucune bête avant que les préposés ne l'aient vue et examinée, sous peine de 10 sous tournois. Il est défendu de tuer et de vendre au mazel général aucune brebis (*feda*) qui ne serait pas prime-châtrée (*prima-sanada*), ni aucun bélier (*aret*) depuis la St-Jean-Baptiste jusqu'après la Noël, sous peine de 10 sous tournois. »

Le 2 septembre 1375, les consuls condamnent Jean Mica, mazelier, à 7 sous, 1 denier ramondens d'amende pour avoir débité une truie ladre *una frayssenga mesela*) au mazel général.

L'année précédente, il y avait eu une maladie sur le gros bétail et, par suite, défense aux bouchers de débiter de la viande de cette espèce. Mais comme on approchait du temps des vendanges (*que em ara*

---

(1) On appelait *Troques* l'ensemble des fils de laine, trame et chaine, qu'on remettait au tisserand, tout préparés pour le tissage d'une pièce de drap.

sus las vendemias) et qu'il eut été fâcheux de condamner les vendangeurs, par excès de précaution, à faire maigre chère, les consuls se persuadèrent que le bétail était guéri (*esta be tot entorn de nos*) et levèrent l'interdiction. Les bouchers étaient, parait-il, plus enclins que les membres des autres corps d'état à basarder au jeu le produit de leurs ventes journalières ; une ordonnance spéciale leur interdit de jouer de l'argent aux dés (*a negun joc de dats*), soit au mazel général, soit à la place du Pla.

Pour toutes les ordonnances qui émanaient de leur autorité, les consuls retenaient plein pouvoir (*plenier poder*) d'accroitre ou de diminuer (*mermar*) et même d'annuler les amendes encourues par les délinquants.

Le livre des Estimes. — En 1374, on fit les estimes des biens des habitants de Castres. Par ordre des consuls et de leur conseil, les biens des clercs furent estimés comme ceux des autres personnes. On ne voulait pas par là contester le droit dont les clercs jouissaient de ne pas payer d'impôts, mais c'était simple mesure de précaution, afin que, si leurs biens passaient à des personnes assujetties à l'impôt (*quistablas*), ou que si eux-mêmes étaient contraints par le seigneur à « donner finance, » la base de l'impôt se trouvât toute préparée.

Tous les clercs qui figurent sur le livre des estimes sont qualifiés de clercs *soluts*, c'est-à-dire de clercs célibataires ; il n'y est pas fait mention de clercs mariés, soit qu'il n'en existât pas à Castres, soit que l'immunité dont les autres jouissaient en fait de contributions ne fut pas considérée comme leur étant applicable.

Les laïques affiliés aux ordres religieux étaient également dispensés du paiement des impôts ; on les appelait des *donnés*. Tel était « donné des Frères-Prêcheurs », tel autre des Chartreux (*donat dels prezicadors, donat dels chartros*). Ils faisaient abandon de leurs biens en faveur des congrégations dont ils étaient membres associés et n'en conservaient que la jouissance.

On compte sur le livre des estimes de 1374 :

43 Clercs soluts.
4 Donnés des Frères-Prêcheurs.
1 Donné des Chartreux.
2 Chapelains.

Ce petit nombre de chapelains, inscrits au livre des estimes, prouve que les prêtres n'étaient pas riches et ne vivaient, en général, que du produit de leurs bénéfices.

On fit de nouvelles estimations en 1380. D'après les renseignements qui nous sont donnés par le livre qui fut dressé à cette occasion, il y avait alors à Castres 1151 feux, savoir : 285 du côté de Villegoudou et 866 du côté de Castres.

Vêtements. — « Les hommes et surtout les nobles et les principaux bourgeois portaient des habits à pli de corps et extrêmement courts, et cet usage subsistait encore après le milieu du XVe siècle. Ils portaient les cheveux fort longs et se laissaient croître la barbe ; ils usaient de capuchons et de bonnets et de souliers qui avaient une pointe relevée, longue d'un pied et quelquefois de deux, qu'on appelait poulaines ou à la poulaine. Juvénal des Ursins remarque dans son histoire de Charles VI, sous l'an 1417, « que les dames et demoiselles menaient grands et excessifs estats et cornes merveilleuses, hautes et larges, et avaient d'un chacun côté, en lieu de bourlées, deux grandes oreilles si larges que, quand elles voulaient passer l'huis d'une chambre, il fallait qu'elles se tournassent de côté et baissassent, ou elles n'eussent pu passer. » (1)

Les détails ci-dessus nous conduisent à mentionner une singulière prérogative dont jouissait le chapitre de Saint-Benoît de Castres.

Le chapitre de Castres était seigneur de Saïx en haute et basse justice (*in altâ et bassâ juridictione*). A ce titre, il prétendait avoir droit à la possession du meilleur habit de toute personne étrangère qui venait à mourir dans ce même lieu. Une enquête fut faite vers 1370, qui avait pour but de vérifier la validité de cette prétention. Les témoignages qu'elle provoqua établirent qu'en effet les chanoines et les moines bénédictins, leurs prédécesseurs, exerçaient ce droit à Saïx depuis un temps immémorial.

Nous citerons quelques-uns de ces témoignages, à cause des particularités intéressantes qu'ils renferment :

Bernard de Pratviel, habitant de Saïx, dépose que dans l'année (vers 1357) où le fameux chef de routiers Séguin de Badefol, dit le roi des compagnies, occupait les lieux d'Algans et de Cuq (*de Al-*

(1) Dom Vaissète.

garnis et de Cuquo), un pauvre homme de Lempaut vint se réfugier à Saïx avec sa femme et son enfant, dans la maison de Guillaume Caramel, par suite de la terreur que lui inspirait Séguin et sa bande.

Se croyant en sûreté sur une terre d'église, ce réfugié, dont on ne nous dit pas le nom, se remit bientôt à ses occupations accoutumées. Un jour, il faisait paître une vache près de Saïx, au lieu dit *a las ortas del pont*, lorsqu'il fut surpris par les brigands qui l'entraînèrent jusqu'au pont de Navés *(de Navesio)*, le tuèrent et jetèrent son corps dans l'Agoût. Le cadavre fut porté par le courant jusqu'à la chaussée du moulin de Saïx, d'où on le retira, et il fut enseveli dans le cimetière de l'église de Saint-André.

Le lendemain, Bernard de Massaguel, procureur du chapitre, donna l'ordre à Guillaume Gros, sergent de ce même chapitre, d'aller à la maison de Guillaume Caramel où le défunt avait reçu l'hospitalité et de se faire remettre le meilleur vêtement (*meliorem raubam*) laissé par ce dernier. Ce qui fut fait.

Un autre témoin, Bernard Chatbaud, habitant de Saïx, dépose qu'en l'année 1360, les pillards et les voleurs *(predones et latrunculi)*, qui parcouraient alors le pays, tenaient en leur pouvoir le village de Soual. Guillaume Chacmar, charpentier de cette localité, et Gaillarde, son épouse, se réfugièrent à Saïx, Peu de jours après, Gaillarde vint à mourir et fut enterrée au cimetière de l'église de Saint-André. Le lendemain des obsèques, le sergent du chapitre alla chercher, sur l'ordre des chanoines, la meilleure robe de la défunte. (1)

Description de la ville de Castres — Castres est bâti sur les deux rives de l'Agoût qui le traverse dans la direction du nord au sud. La partie qui est située sur la rive droite est Castres proprement dit *(Castras)*; l'autre s'appelle Villegoudou (*Villagodor*, *Villa gothorum*). Ces deux parties sont mises en communication l'une avec l'autre par deux ponts qui ont été renouvelés et rebâtis à diverses époques.

Le Pont-Vieux était très ancien ; il était muni à son entrée, du côté de Villegoudou, d'une tour carrée et, sur son milieu, s'élevait une sorte de guérite, sous laquelle on passait et où se tenaient les agents du comte, chargés du recouvrement des droits de péage.

Le Pont-Neuf fut en bois jusqu'en 1368 ; c'était ce qu'on appelait une *planque*. En 1368, il fut bâti en pierre, suivant délibération du conseil général de la ville, qui fut retenue par Vitalis Sabateri, notaire du comte.

Lorsque les Bénédictins vinrent s'établir à Castres en 647, ce lieu était couvert par une forêt de sapins. Aprés avoir défriché le terrain qui s'étendait autour de leur campement et vécu dans des cabanes pendant quelques années, les moines bâtirent, sur la rive droite de l'Agoût et près de cette rivière, une église dédiée à saint Benoît et un magnifique monastère. Eglise et monastère s'élevaient sur l'empla-

---

(1) Archives de Castres. — *Processus agitatus super raupis de Saxio, capitulo Castrensi pertinentibus.*

cement occupé aujourd'hui prr l'hôtel-de-ville, la nouvelle église de Saint-Benoit et la place des Ormeaux.

En même temps, ils construisirent, pour l'usage des habitants du pays qui n'avaient pas tardé à se grouper auprès d'eux, une église dédiée à la Sainte Vierge. Cet édifice était situé en face de l'entrée du monastère et devint plus tard l'église de Notre-Dame de la Platé ou de la place (*de plateâ*).

« Le monastère de Saint-Benoit était des plus superbes de France, et orné d'une bibliothèque si belle qu'il y avait onze mille trois cent vingt-deux volumes, c'est-à-dire manuscrits.... Cette bibliothèqne fut brûlée par le feu, l'an 1082, qui s'y prit avec une telle violence qu'on n'en put sauver aucun livre. » (1)

Le monastère de St-Benoît et les autres couvents et édifices religieux de Castres furent démolis pendant les guerres de religion du XVIe siècle.

L'église de St-Benoit était ornée d'un portail remarquable par sa grandeur et la perfection de son achitecture. Il y avait aussi de beaux tombeaux qui ont péri avec tout le reste. Le texte seul de quelques inscriptions tumulaires nous a été conservé. (*)

Frater Jacobus de Austriâ, monachus S. Benedicti et bibliothecarius cœnobii Castrensis, vir eximiæ pietatis mirandæ humilitatis, stupendæ eruditionis et altæ propaginis, anno ætatis 63 et nonis aprilis anni 792, cepit requiescere.

Frère Jacques d'Autriche, moine de St-Benoit et bibliothécaire du monastère de Castres, homme

(1) P. Borrel. Antiquités de Castres.

(*) Voir la note VIII.

d'une grande piété, d'une admirable humilité, d'une prodigieuse érudition et d'une haute naissance, commença à reposer (dans le Seigneur), dans la 63e année de son âge et le 5 avril 792.

Jacques d'Autriche avait composé un grand nombre de livres dont le catalogue nous a été conservé par Borel. On voyait sur son tombeau, au dire du même auteur, les armes de la maison d'Autriche.

Hic dormit in pace Adelmus de Cambono, monachus Sancti Benedicti de Castro et episcopus Nemausi. Orate. (1)

Adelme de Cambon mourut vers l'an 1004. Il avait été moine de Castres avant d'être élevé au siège épiscopal de Nîmes. Il voulut reposer au milieu de ses frères du monastère de St-Benoit et sans doute dans son pays natal. Son nom semble lui assigner cette origine.

Etienne de Abavo, quatrième évêque de Castres, mourut en 1353. Il fut enseveli dans le chœur de l'église de St-Benoit, à droite du grand-autel. Nous avons déjà cité son épitaphe qui atteste sa profonde croyance en la résurrection des morts.

Les évêques de Castres, Elie de Ventadour et Marald de Condom avaient aussi leur sépulture dans l'église de St-Benoit. Le premier était mort le 22 septembre 1383, et le second, le 6 août 1458.

Du vieux monastère il ne reste plus aujourd'hui qu'une tour qui sert de clocher à la nouvelle église de St-Benoit reconstruite au XVIIe siècle à la même place que l'ancienne.

---

(1) Gallia Christiana.

La basilique de St-Vincent fut édifiée par Rigaud, abbé de St-Benoit, vers l'an 874. Les Dominicains ou Jacobins prirent possession de cette église en 1258. Leur couvent s'étendait entre la rue du Pont-Neuf et celle des Trois-Rois et couvrait le quai actuel des Jacobins et la place Nationale. Voici la description que nous fait de cet établissement religieux l'annaliste castrais Jacques Gaches :

« Le bâtiment était en forme de croix, sur le milieu de laquelle était bâti et élevé sur quatre grands piliers, entre le temple et le chœur, le beau clocher qui y était pour les cloches des moines et de la ville. Le temple, le chœur et les bras de la croix étaient tout en voûte à l'antique; l'un des bras de la croix avait une porte qui allait à la rue du Pont-Neuf ; l'autre bras donnait entrée au cloître qui était environné de belles, grandes et larges galeries bien boisées et couvertes de crochets. Ledit cloître était soutenu tout à l'entour de deux rangs de colonnes de marbre. Dans ce cloître il y avait un grand puits et quantité de cyprès, et entre le cloître et l'Eglise étaient rangées les chambres des religieux, dont celle du prieur était fort belle.

« Passant plus outre, vers la rivière était bâtie cette grande et belle bibliothèque de cent pas de long, dans laquelle il y avait trois rangs de pupitres sur lesquels étaient les livres attachés à des chaînettes, et était tout joignant cette belle et grande galerie regardant sur la rivière pour la promenade des religieux. »

L'église de St-Vincent était le but d'un des pélerinages dits mineurs, auxquels les hérétiques réconciliés étaient astreints en expiation de leurs erreurs passées. Les reliques de Saint Vincent y étaient conservées dans une châsse d'argent qui pesait quatre-vingts marcs et qui fut faite vers l'an 1312 (*). Les habitants de Castres avaient ces reliques en grande vénération ; ils obtinrent d'un de leurs comtes, non sans doute sans y mettre le prix, une charte par laquelle il faisait la promesse, pour lui et ses successeurs, que « le corps de Saint Vin- » cent ne serait jamais tiré hors de la ville de Cas- » tres. »

En 1376, le conseil de la ville met en quelque sorte l'évêque en demeure d'ordonner que la fête de Saint Vincent soit désormais chômée par les gens de tous métiers, car, ajoute la délibération qui fut prise à cet effet, Saint Vincent est le patron de Castres. (*Sia conta, colguda et selebrada per tot lo pobble de Castras de totas hobras, ad honor de Dieu, car es patro de Castras.)*

Presque tous les seigneurs de la maison de Montfort avaient leur sépulture dans l'église de St-Vincent, savoir :

Philippe II de Montfort, seigneur de Castres, mort devant Tunis en 1270, lors de la croisade du roi saint Louis. Son épitaphe faisait les plus grands éloges de ses vertus, de son courage et de ses exploits.

Simon de Montfort, son frère, mort en 1273 dans la Pouille, au royaume de Naples, et Jeanne de Lévis, leur mère, morte en 1284.

Jean de Montfort, le dernier seigneur de Castres de la maison de Montfort, mort à Foggia dans le royaume de Naples en 1300

(*) Voir pièces justificatives. — III.

Au milieu du chœur se trouvait le tombeau d'Eléonore de Montfort, femme de Jean V, comte de Vendôme et de Castres, morte en 1340 ; il était surmonté de sa statue en albâtre. A côté du tombeau d'Eléonore, on voyait celui de son fils Bouchard VI, comte de Vendôme et de Castres, décédé en 1353.

En 1366, Jean VI, comte de Vendôme et de Castres et successeur de Bouchard, mourut à Montpellier. Il s'était acquis une grande considération par la douceur de son gouvernement. Les habitants de Castres l'avaient en grande affection à cause des franchises et libertés importantes qu'il leur avait accordées. Jean VI fut inhumé dans l'église de St-Vincent.

Enfin, il y avait dans cette même église les tombeaux de Raimond Saïsse et de Centulie de Brettes. sa femme, fondateurs de la Chartreuse de Saïx ou de Beauvoir, et celui de Bouffil de Juge, l'avant-dernier comte de Castres.

Les chanoines de la cathédrale allaient tous les ans, le 23 septembre, jour de la fête de la translation à Castres des reliques de Saint-Vincent, chanter la grand'-messe dans l'église consacrée à ce saint. C'était pour conserver la mémoire de la dépendance dans laquelle l'église de St-Vincent avait été de celle de St-Benoit et de la cession que les Bénédictins en avaient faite aux Dominicains. Ce jour-là, les Dominicains se retiraient et laissaient le chapitre maître de leur église. (*)

La place du Pla (*planum castri*), où se faisaient

(*) Voir pièces justificatives. — IV.

les proclamations consulaires, était située à côté et à l'ouest du couvent des Dominicains.

Partant de la place du Pla et passant par les rues du Mazel-Viel et de Malpas, on trouvait la Tour-Caudière. Elle était située sur le bord de l'Agoût, entre le couvent des Dominicains et le Pont-Vieux. C'était la maison des comtes de Castres, ainsi qu'il résulte d'un acte cité par Borel et qui fut passé, en 1346, entre le comte Bouchard et les habitants de Lacaune *in hospitio Turris Cauderiœ de Castris ipsius Domini Comitis.* (1) Les comtes de Castres y avaient leur tribunal et leurs prisons et, comme la rivière baignait les fondements de la Tour, il était facile d'appliquer aux criminels qui y étaient enfermés le supplice, alors usité, de la noyade.

Les détours de la rue Malpas nous conduisent à la rue du Consulat où se trouvait la maison commune *(maio communal.)* Cette maison, qui existait encore il y a trente ans, avait été achetée par la ville à Bernard Prades en 1374.

Primitivement la maison des consuls était située non loin de là dans une rue ou passage couvert appelé *la Cuberte.* Les franchises de Castres stipulent expressément que *la maison commune, laquelle est à la Cuberte, achetée de Pierre Ramond de Thoréna, ne sera contrainte l'université de la sortir de ses mains.*

Dans cette même rue du Consulat, en face de la maison commune, le palais de l'évêque dressait sa masse imposante surmontée d'une tour. Il avait été

---

(1) Dans la maison de la Tour-Caudière de Castres de ce même seigneur comte.

bâti sous l'épiscopat de Jean d'Armagnac, ainsi que l'atteste un *vidimus* fait à cette époque par l'Official de Castres siégeant pour la circonstance « sur un banc de bois dans le promenoir de la *nouvelle* maison épiscopale. » (*Supra quoddam scamnum fustis in deambulatorio domus novæ episcopalis.*) (1)

Auparavant, l'évêque résidait avec le chapitre dans les bâtiments de l'abbaye de St-Benoit. Bertrand de Rocolis ayant légué ses biens pour une chapellenie, son testament fut présenté à l'évêque Aimeric Natalis (1418-1421) « siégeant en parlement au plus grand jardin de la maison épiscopale, qui est du côté du midi, confrontant avec le réfectoire de l'église cathédrale » (2). Les indications topographiques ci-dessus se rapportent assez bien au site du jardin actuel dit de l'Evêché.

La rue de l'Albinque ou de la Sabaterie fait suite à la rue du Consulat et menait au couvent de St-François ou des Cordeliers (aujourd'hui le collège).

Le couvent de St-François avait été fondé en 1229 par le comte Raimond de Toulouse. « Il fut édifié du côté de la ville qui regarde l'occident, au bas de la colline appelée Belmont ; il fut bâti hors de la ville. Il avait grand enclos, ayant en son enceinte de grands jardinages et prairies avec fontaines. L'architecture en était grande et haute et l'étoffe du bâtiment de bonne pierre de taille et chaux, et le logement si capable que de pouvoir à l'ordinaire recevoir soixante religieux. » (3)

---

(1) Archives du Tarn. Fonds Carrère.

(2) Ibid.

(3) Discours de la fondation, plan et cité du couvent de St-François de Castres.... par Frère Alexandre Doumayron, Edité par Ed. Clavel.

La bibliothèque du couvent était fort belle ; elle était composée de huit cent trente-six volumes in-folio, sans compter les autres qui y étaient en plus grand nombre. Il y avait dans l'église de St-François les tombeaux de plusieurs grands seigneurs et notamment celui d'une noble demoiselle nommée Armoise de Lautrec.

Armoise était l'amie d'Isabelle, sœur du roi saint Louis. Elle vécut à Saïx comme récluse, adonnée à la prière et à la pénitence. Elle y mourut en 1250, et son amie Isabelle lui fit faire dans l'église de St-François un superbe tombeau sur lequel on lisait cette épitaphe :

ARMOISE DE LAUTREC RECLUSE
DE SAIX DANS CY CAVEAU EST CLUSE.
VEUILLANT LE PARADIS AQUERRE,
A TOTS BOBANS (1) FIT ASPRE GUERRE.
ISABEL DE PARIS CLAMÉE
SUI, QUI PLORE MA BIEN AMÉE.
LI MONUMENT ENVOLTER FIS.
O DE PAR DIEX A TOS VOS DIS
QUE DISIEZ LY DE PROFUNDIS.
L'AN MIL DEUX CENT QUARANTE ET SIX
ARMOISE ABSCONSA (2) FAITS ET DITS
DIEIX VUEIL ENBERGUER (3) LI DELITS
ET PARTIER LI PARADIS.

Et plus bas :

ISABELLA, SOROR LUDOVICI FRANCORUM REGIS, SUIS IMPENSIS HOC FECIT MONUMENTUM, IN PIGNUS AMORIS ERGA ARMOSEM DE LAUTREC, ANNO DOMINI 1252.

---

(1) Boban, somptuosité, luxe.
(2) Absconsa, cacha, du latin abscondere.
(3) Emberguer couvrir, pardonner.

Isabelle, très illustre sœur de Louis, roi des Français, fit ce monument à ses frais, comme gage de son amour pour Armoise de Lautrec, en l'an du Seigneur 1252.

Du couvent de St-François, la rue de l'Ecole vieille (1) menait à celui de la Trinité. Les religieux trinitaires ou de la Merci étaient voués à l'œuvre de la Rédemption des captifs.

Le couvent de la Trinité de Castres fut bâti en 1369 à l'endroit où sont aujourd'hui le palais de justice, la prison et la gendarmerie.

Les Trinitaires étaient sous la dépendance du chapitre de Castres. Cette prérogative du chapitre, à l'origine de laquelle il serait difficile de remonter, était sans doute devenue, avec le temps, plus nominale que réelle. Quoi qu'il en soit, chaque fois qu'il y avait au couvent de la Trinité élection d'un nouveau Ministre, tel était le titre du chef de la communauté, celui-ci était tenu de présenter à Messieurs du chapitre « les clefs du couvent et église d'icelui, reconnaissant icelles tenir du dit chapitre comme seigneur et recteur, promettant comme ses prédécesseurs les biens tenir et garder, et tenir comme sujets à icelui chapitre. » (*)

Revenons à la place du Pla en suivant la rue du Prieuré (2) et la rue Droite.

---

(1) Aujourd'hui, rue du Collège.
(*) Voir pièces justificatives. — V.
(2) Rue du Temple.

De la place, la rue de la Coutelarié (1) menait à la porte du Trauc. Tout près de cette porte se trouvait l'hôpital de Notre-Dame, origine de l'hôpital général actuel.

Nous voici en dehors de l'enceinte de la ville et sur le chemin de Saïx. Ce chemin passait à une petite distance de la léproserie ou maladrerie de Saint Barthélemy. Les lépreux qui trouvaient un asile dans cet établissement étaient laissés primitivement libres d'en sortir pour subvenir à leur existence Pendant que durait cet état de choses, les consuls émirent, en 1355, une ordonnance pour mettre les habitants de Castres en garde contre leur contact. Voici un des articles de cette ordonnance :

Item. Que negus malaute de malautia ni autre que venga aqui per estar no auze intrar dins la dicha vila, si donx que porte per senhal un drap blanc al col et las tabastells el cabas, en la forma que fan a Tholosa, ni auze, can seran dins la vila, tocar ni mazancerar neguna causa victual, sots pena de corre la vila.	Qu'aucun malade de la dite maladrerie, ni de ceux qui viennent pour y rester, n'ose entrer dans la ville, s'il ne porte un drap blanc au cou, les cliquettes et le cabas, comme à Toulouse. Qu'aucun des ladres qui seront dans la ville n'ose toucher ni manier aucune espèce de vivres, sous peine de courir par la ville. (2)

Plus tard, ainsi que nous l'avons vu, la sortie de la maladrerie leur fut interdite ; un préposé, nom-

(1) Rue Sabatier.

(2) Revue du département du Tarn. — T. I. P. 318. Traduction de M. E. Jolibois.

mé par les consuls, était chargé de recueillir des aumônes pour eux

Sans nous arrêter plus longtemps à cette vue mélancolique d'un pauvre lépreux du moyen-âge (*) allant par la ville, couvert d'un drap blanc comme d'un suaire et faisant sonner ses cliquettes (*tabastels*), — reprenons notre chemin.

A trois quarts de lieue au-dessous de Castres, en suivant la rive droite de l'Agoût, on trouvait un pont de bois qui conduisait à l'église de Notre-Dame des Farges, située sur la rive opposée.

L'église de Notre-Dame des Farges (*Nostra Domina de Fargis*) s'élevait vers le point où le Thoré se jette dans l'Agoût. Elle dépendait de la Chartreuse de Saïx et était devenue un lieu de pèlerinage très fréquenté. Nous trouvons qu'en l'année 1458, Louise Catherine de Bruis, co-seigneuresse d'Escoussens, fit placer une table de communion en fer, ornée de ses armes, devant le chœur de Notre-Dame des Farges et qu'elle enrichit aussi cette église d'ornements. (*Fargensem divæ Mariæ ædem cancellis ante chorum ferreis, suo stemmate insignitis, munivit pecuniâque in eam rem et ornamentis honoravit.*) (1)

Cette dame avait à réparer le scandale d'une coupable liaison qu'elle avait eue avec un évêque de Lavaur. Ramenée au bien par les exhortations des Chartreux, elle honora ses dernières années par une sincère pénitence.

(*) Voir la note IX.
(I) Gallia Christiana.

Remontons la rive gauche de l'Agoût en passant par Lacaze, où se trouvait la belle maison de campagne des évêques de Castres, et rentrons à Castres ou plutôt à Villegoudou par la porte Narbonnaise.

De cette porte, les rues de la Païroularié, (1) de Malbec (2) et Dencadenes (3) menaient à l'église St-Jacques. On entre dans cette église par un porche qui est situé sous le clocher, seul reste de l'ancien édifice. A la clef de voûte de ce porche on voit les armes de la ville accostées de la lettre B.

Ce qui semblerait indiquer que l'église de Saint-Jacques fut construite par l'un des deux Bouchard qui furent comtes de Castres vers le milieu du XIVe siècle.

A l'angle des rues Malbec et de la Fagerie, il y avait l'hôpital de Saint-Jacques de Villegoudou; il avait été fondé par un charitable habitant de Castres, nommé Pierre Dert, qui mourut en 1268.

La pierre sépulcrale de ce bienfaiteur des pau-

---

(1) Rue de Villegoudou.
(2) Rue de l'Hôpital-Vieux.
(3) Rue Saint-Jacques.

vres est conservée au musée de Toulouse ; elle porte l'inscription suivante :

ANNO INCARNATIONIS DOMINI
MCCLXVIII. HIC REQUIESCIT
CORPUS PETRI DERT QUI HE
DIFICAVIT ET CONSTRUXIT
ISTUD HOSPITALE AD HONO
REM DEI ET BEATE MARIE MATRIS
EJUS ET BEATI JACOBI APOSTOLI.

L'an de l'Incarnation du Seigneur 1268. Ici repose le corps de Pierre Dert qui édifia et construisit cet hôpital en l'honneur de Dieu, de la bienheureuse Marie sa Mère et du bienheureux apôtre Jacques.

Suivons la rue de la Fagerie jusqu'au Pont-Vieux. A main droite de l'entrée du pont, dans le quartier de Mira-Donas, tout près d'un enclos ou jardin *(cort)* appelé Cort na Bassa du nom de la dame à qui il appartenait ou avait appartenu, se trouvait le couvent de Sainte-Claire ou des sœurs mineures *(minoretas)*. Il avait été fondé par Bernard d'Armagnac, comte de Castres, et fut réformé en 1434 par sainte Colette qui y résida quelque temps.

Sainte Colette avait reçu du ciel la mission de réformer les couvents de femmes de l'ordre de saint François dont la plupart étaient alors tombés dans le relâchement. Elle devint illustre par ses vertus et par ses miracles ; elle rendait la santé aux malades par sa seule présence et ressuscita deux morts. Cette sainte avait aussi le don de pénétrer les pensées les plus secrètes des personnes avec lesquelles elle s'entretenait.

Pendant le séjour qu'elle fit au couvent de Sainte-Claire, l'évêque de Castres, qui était absent de sa ville épiscopale, se hâta d'y revenir pour la voir et lui présenter ses hommages. Comme la sainte conférait un jour avec lui sur des choses touchant au service de Dieu et au salut des âmes, sa merveilleuse pénétration lui fit connaître que son interlocuteur, prélat d'ailleurs recommandable par ses lumières et sa prudence, poursuivait des projets ambitieux. Alors elle le réprimanda sur ce qu'il ne savait pas se contenter du bénéfice qui lui avait été conféré et aspirait à une situation plus belle et plus élevée, au risque de mettre en péril, pour des dignités passagères son salut éternel.

L'évêque travaillait en effet en secret à devenir cardinal. Il fut grandement étonné que la sainte eût pénétré ce qu'il cachait avec tant de soin au fond de lui-même.

Ensuite elle lui représenta qu'il n'avait que peu de temps à vivre et l'exhorta à se tenir toujours prêt pour le moment où il plairait à Dieu de l'appeler à lui.

L'impression produite sur l'évêque par cette révélation ne fut pas de longue durée ; et il se remit de plus belle à faire des démarches auprès de la cour de Rome, afin de parvenir au but qu'il s'était proposé. Mais la mort vint bientôt déjouer ses projets, ainsi que la sainte le lui avait prédit.

NOTES

NOTES

I

Une opinion générale reçue veut que la ville de Castres doive son origine à un camp romain....

Cette opinion n'est pas traditionnelle ni ancienne ; elle ne date que du commencement du VXIIe siècle et fut émise pour la première fois par Nautonnier de Castelfranc dans son livre de la *Mécométrie de l'Aimant*, publié en 1603.

« Castres, dit cet auteur, fut fondé par les Romains qui y avaient campé ; et de fait, non seulement le nom de Camp qu'elle porte, mais sa situation, la rivière, des tranchées naturelles qui y sont tout joignant, propres pour l'assiette d'un camp, d'autres qui y avaient été creusées par eux, les armoiries de la ville, qui sont une palissade abattue et les urnes entières et fragmens d'icelles, qui se trouvent en grand nombre en cet enclos, prouvent son ancienneté. »

II

Saint Vincent naquit à Huesca en Espagne ; il était issu d'une des plus nobles familles de cette ville. Son père s'appelait Eutichius ; sa mère Enole était, à ce qu'on croit, sœur du martyr saint Laurent. Vincent fut élevé à Saragosse sous la direction de Valère, évêque de cette ville.

Il fut promu de bonne heure au diaconat et chargé par son évêque du ministère de la prédication, qu'il exerça avec un grand fruit et beaucoup d'édification pour tous les fidèles.

En ce temps-là, l'empereur Dioclétien envoya Dacien en Espagne pour gouverner cette province et surtout pour appliquer aux chrétiens l'édit de persécution qu'il avait fait contre eux. Vincent, que son zèle et sa piété signalaient particulièrement à l'attention du nouveau gouverneur, fut chargé de chaines et conduit à Valence devant son tribunal.

Dacien mit en œuvre les tourments les plus cruels pour contraindre Vincent à apostasier la foi chrétienne et à sacrifier aux faux Dieux ; mais le courage et la constance du saint martyr furent inébranlables. Saint Vincent mourut le 22 janvier 304.

III

Les moines de Saint Benoit furent les fondateurs de la ville de Castres. Ils initièrent ses premiers habitants à l'exercice des métiers et arts utiles ; et pendant qu'ils couvraient leurs personnes et leurs biens contre les entreprises de la force brutale, ils formèrent leurs âmes à la pratique des vertus chrétiennes.

Voici un magnifique tableau de l'action civilisatrice exercée sur le sol de la vieille France par les moines bénédictins : (1)

« Dans les campagnes dépeuplées par le fisc romain, par la révolte des Bagaudes, par l'invasion des Germains, par les courses des brigands, le moine bénédictin bâtit sa caba-

(1) H. Taine. *Origines de la France contemporaine.*

ne de branchages parmi les épines et les ronces ; autour de lui de grands espaces jadis cultivés ne sont plus que des halliers déserts. Avec ses compagnons, il défriche et construit, il domestique les animaux demi-sauvages, établit une ferme, un moulin, une forge, un four, des ateliers de chaussures et d'habillement.

« Selon sa règle, chaque jour il lit pendant deux heures ; sept heures durant, il travaille de ses mains, et il ne mange, il ne boit que le strict nécessaire. Par son travail intelligent, volontaire, exécuté en conscience et conduit en vue de l'avenir, il produit plus que le laïque. Par son régime sobre, concerté, économique, il consomme moins que le laïque. C'est pourquoi là où le laïque avait défailli, il se soutient et même il prospère. Il recueille les misérables, les nourrit, les occupe, les marie ; mendiants, vagabonds, paysans fugitifs affluent autour du sanctuaire. Par degrés leur campement devient un village, puis une bourgade : l'homme laboure dès qu'il peut compter sur la récolte et devient père de famille sitôt qu'il se croit en état de nourrir ses enfants. Ainsi se forment de nouveaux centres d'agriculture et d'industrie qui deviennent aussi de nouveaux centres de population. »

IV

Le comte Raimond était très attaché à la secte des hérétiques.

Il continua à être en relations avec eux, même après qu'il eut fait sa soumission à l'Eglise. Cela résulte de témoignages qui se produisirent devant les inquisiteurs au cours de leurs procédures contre les hérétiques albigeois, en 1244 et 1245.

« Pons Carbonelli du Faget dépose : que le comte de Toulouse lui manda qu'il viendrait manger chez lui, certain jour, au Faget. Pons se rendit aussitôt à sa maison du Faget pour tout préparer et recevoir le comte. Lorsque le témoin fut arrivé près de sa maison, il rencontra deux hérétiques, Guiraud de Gourdon et Bonfils qui étaient occupés à nettoyer leurs souliers *(tergentes sotulares suos)*. Le témoin les reconnut et leur demanda ce qu'ils étaient venus faire dans ce château. « Vous le verrez bien », répondirent-ils. Alors le témoin les engagea à s'éloigner, parce qu'il était en crainte du chapelain de la ville. Les hérétiques lui répondirent qu'ils ne s'en iraient pas, et au contraire, lui ordonnèrent de leur préparer à manger ; ce à quoi le témoin ne se refusa pas. Peu de temps après, dans la matinée, le comte de Toulouse arriva, accompagné d'une grande troupe de cavaliers ; ils entrèrent dans la maison du témoin et mangèrent. Aussitôt après le repas, le comte et les autres sortirent sur la place du château *(in plano Castri)* et firent la montre des chevaux *(et ibi ostenderunt equos)*. R. de Récaut, baïle du comte de Toulouse, donna à chacun des deux hérétiques, qui étaient aussi venus sur la place, un palefroi et les fit mettre en selle. Aussitôt le Comte, ceux qui étaient venus avec lui et les susdits hérétiques sortirent ensemble du château et prirent leur route vers Lavaur qui, dans ce temps-là, était assiégé. »

V

Guillabert de Castres était à Fanjaux et tenait dans ce lieu des assemblées publiques... Dans une de ces assemblées qu'il tint vers l'an 1204, Guillabert associa à sa secte Esclarmonde, sœur du Comte de Foix et Faïs, mère de Sicard de Durfort.

« Béranger de Lavelanet, près du château de Monségur, dépose : que, pendant sa jeunesse, lorsqu'il résidait à Fanjaux, il vit dans la maison de Guillabert de Castres, ce même Guillabert et trois ou quatre autres hérétiques prêchant, et qu'il assista à leurs sermons ainsi qu'un grand nombre de personnes. Le même déclare qu'il a vu à Fanjaux Esclarmonde, sœur de Raimond-Roger, comte de Foix, Aude, mère d'Isarn Bernard de Fanjaux, Raimonde, mère de Pierre Mir, et Faïs, mère de Sicard de Durfort, se faire hérétiques dans la maison de Guillabert de Castres. Le fils majeur de l'église hérétique du Toulousain et d'autres hérétiques consolèrent et reçurent ces dames de cette manière : D'abord les susdites dames, sur la demande que leur en firent les hérétiques, déclarèrent se rendre à Dieu et à l'évangile et promirent que désormais elles ne mangeraient ni viande, ni œufs, ni fromage, ni autre nourriture (*nurituram*) si ce n'est huile et poisson ; qu'elles ne jureraient, ni ne mentiraient et ne feraient œuvre charnelle de tout le temps de leur vie, et qu'elles ne quitteraient la secte des hérétiques par crainte de la mort soit par le feu, soit par l'eau, soit par tout autre genre de supplice. Ces choses faites, ils dirent la prière, c'est-à-dire le *Pater noster* à la manière des hérétiques. Ensuite les hérétiques imposèrent les mains sur leurs têtes, puis le livre où ils firent une lecture, et leur donnèrent la paix d'abord avec le livre ensuite avec l'épaule; et ils adorèrent Dieu faisant maintes *venias* et génuflexions. Après quoi, tous les assistants *adorèrent* les hérétiques et, après l'adoration, reçurent la paix de ces mêmes hérétiques qu'ils baisèrent sur la bouche en travers ; et ils se baisèrent aussi de la même manière. »

Le témoin Pons Carbonelli va nous dire en quoi consistait cette cérémonie de l'adoration des hérétiques dont il vient d'être fait mention ; il déclare que « son père Willelm Carbonelli et sa mère Audiarde étaient hérétiques et que lui-même était venu très souvent à Auriac dans la maison des hérétiques où son père et sa mère demeuraient avec les autres. Il ajoute qu'il a adoré fréquemment les hérétiques en fléchissant trois fois les genoux devant eux et répétant à chaque fois *Bénissez* et ajoutant après le dernier *bénissez* : Priez Dieu pour ce pécheur, afin qu'il me conduise à une bonne fin. Et les hérétiques répondaient à chaque bénissez par : Que Dieu vous bénisse. Et au dernier ils ajoutaient : Que Dieu soit prié qu'il fasse de vous un bon chrétien et qu'il vous donne une bonne fin. »

Les Albigeois croyaient comme les Manichéens à la coexistence de deux principes. Dieu était le créateur du monde des esprits ; le mauvais principe ou le diable était le créateur du monde visible, de tout ce qui est périssable. Ils expliquaient de la manière suivante la création de l'homme à laquelle, d'après leurs idées, les deux principes avaient dû nécessairement collaborer :

« R. Centolh déclare avoir entendu la femme d'Arnaud Bos de Gontaud disant un jour de foire (*tempore nundinarum*) que le diable fit l'homme d'argile et qu'il dit à Dieu de lui donner une âme (*quod mitteret animam in hominem*). Et Dieu dit au diable : « Il sera plus fort que moi et toi, s'il est fait d'argile ; mais fais-le du limon de la mer. » Et le diable fit l'homme du limon de la mer. Et Dieu dit : « Celui-ci est bon, car il n'est ni trop fort ni trop faible. » Et

Dieu envoya l'âme dans l'homme (*et Deus misit animam in hominem*). Le témoin demanda à ladite femme si elle croyait ces choses et celle-ci répondit : « Certes de plus savants que vous et que moi l'ont cru. »

Les Albigeois niaient l'incarnation de Jésus-Christ ; ils espéraient le salut des anges rebelles et rejetaient le culte des images. Des évangiles, ils ne recevaient que celui de saint Jean. Dans la récitation du *Pater*, au lieu de dire *panem nostrum quotidianum*, ils disaient *panem nostrum supersubstantialem*. C'est à cette particularité que fait allusion un des témoins dont nous avons cité la déposition, lorsqu'il parle de la récitation du *Pater* à la manière des hérétiques.

Une de leurs cérémonies, qu'ils appelaient *l'hérétication* et qui se passait au lit des malades, mérite d'être rapportée :

« Lorsque quelque *errant* tombait malade, il mettait tout en œuvre pour faire venir les ministres ou *parfaits* (il en fallait au moins deux), afin de faire profession de leur secte entre leurs mains. Les deux parfaits ou *bons hommes* étant arrivés de nuit dans sa maison, entraient dans sa chambre suivis de cinq ou six témoins du nombre des *croyants*, qui faisaient la cérémonie de l'adoration ; le malade la faisait aussi de son côté autant que son infirmité pouvait le lui permettre. Ensuite le plus ancien des parfaits prenait en ses mains les mains jointes du malade qui demandait avec instance d'être reçu dans la secte et déclarait qu'il voulait y vivre et y mourir dans l'espérance de s'y sauver. Alors les deux parfaits se séparaient : le plus ancien se plaçait au chevet du lit et l'autre aux pieds ; et après avoir fait quelques génuflexions et récité quelques paroles, le premier imposait les mains sur la tête du malade, sur laquelle il mettait ensuite le livre des évangiles, en récitant l'évangile de saint Jean *in principio* ; tandis que son compagnon ceignait un petit cordon sous les aisselles du malade, que ce dernier portait toujours depuis. On répétait l'adoration ; après quoi l'un des croyants de la maison ou des parents du malade, *ayant ôté son capuchon*, offrait à genoux un présent en argent ou en nature aux deux parfaits, au nom du malade.» (1) Il arrivait assez souvent que les malades ainsi reçus dans la secte par la cérémonie de l'hérétication, ne faisaient plus aucun effort pour recouvrer la santé et même s'abstenaient de toute nourriture afin d'accélérer leur mort. Cette épreuve à laquelle ils se soumettaient en vue de leur salut s'appelait *l'endure*.

VI

Un autre troubadour, dont le souvenir se rattache à l'histoire de notre pays, fut Raimond de Miraval.

Quand on aborde pour la première fois la lecture des poésies laissées par les troubadours, on est assez étonné que la langue dont ils se servaient n'ait que des rapports éloignés avec les idiomes usités dans la France méridionale à l'époque où leurs chants y étaient en faveur. Ces idiomes sont restés à peu près tels qu'ils étaient alors et, à coup sûr, les nobles châtelaines des environs de Toulouse, de Castres ou de Carcassonne ne pouvaient comprendre sans une initiation préalable les chants où leurs mérites étaient exaltés. C'est qu'en effet la langue des troubadours n'était pas celle de tout le monde. Le fonds en était le parler limousin qui était devenu à la mode dans la bonne compagnie et qui, par suite de cette circonstance, s'était élevé à la dignité de langue littéraire. Le métier de Troubadour n'allait donc pas sans apprentissage et le simple rôle d'auditeur sans préparation. Le grammairien Raimond Vidal nous l'affirme dans

(1) Dom Vaissète.

son traité intitulé *la dreita maniera de trobar*: « Je vous dis que tout homme qui veut trouver et entendre doit avoir familier le parler du Limousin; et après, il doit connaître les lois de la grammaire, s'il veut finement trouver et entendre. Les auditeurs qui n'entendent rien, quand ils ouïssent un bon chant font semblant d'entendre et n'entendent pas; car ils croiraient qu'on les tint pour pire qu'ils ne sont, s'ils avouaient qu'ils ne comprennent pas. » (1)

Les chants des troubadours sont consacrés à la peinture des joies et des peines d'amour. Ils sont ce que peut être une poésie où les idées générales et les images font défaut; ils manquent en général d'accent personnel et pourraient être attribués à l'un ou à l'autre des troubadours indifféremment.

Les troubadours mettaient certainement moins d'imprévu dans leurs vers que dans leur manière de vivre, où se rencontrent assez d'extravagances. La vie de Raimond de Miraval, que nous avons rapportée en sautant par dessus bien des détails scabreux, ne laisse rien à désirer sous ce rapport. Pour ne pas nous en tenir à un seul exemple, citons celle de Pierre Vidal, troubadour toulousain.

Pierre Vidal devint amoureux de la dame de Pénautier qui s'appelait Loba, la Louve de Pénautier. Pour bien marquer son amour, il ajouta un loup à ses armes; il fit plus, il se couvrit d'une peau de loup et se mit à errer comme un loup dans les bois de la montagne de Cabarès, (2) où le château de la dame était situé. Les bergers et leurs chiens se mirent à sa poursuite, le chassèrent et le houspillèrent si *malement*, qu'on le porta plus qu'à demi-mort au château de Pénautier. La Louve de Pénautier et son mari l'accueillirent très bien, le gardèrent et le soignèrent de leur mieux jusqu'à ce qu'il fut guéri.

(1) Voir la thèse de M. G. Guibal sur le poëme de la croisade contre les Albigeois. P. 302.

(2) Département de l'Aude.

Le poète se montra très fier de son aventure:

« Et si tous vous m'appelez Loup, je ne le tiens pas à déshonneur; ni si les bergers me poursuivent de leurs cris dans la chasse qu'ils me donnent.

« De maint bois, de maint buisson j'ai fait palais et maison ; et mon sort était heureux parmi vent, froid et neige.

« La Louve dit que je lui appartiens; elle a bien droit et raison car, par ma foi, je suis plus à elle que je ne m'appartiens à moi-même. »

VII

..... *Nous n'avons pu parvenir à définir et à délimiter exactement cette classe de la population qu'on appelait les Mégiers.*

Le 19 février 1383, le conseil eut à se prononcer au sujet d'une dépense importante; il ne se crut pas autorisé à la voter, sans s'être adjoint au préalable un certain nombre de personnes de la ville: Riches, Pauvres et *Menestayrals* (*ministatii*, gens de métiers). Mégier serait-il synonyme de menestayral? Ce n'est pas probable; car s'il y avait des gens de métiers, forgerons, tailleurs, cordonniers, etc., dans la classe des mégiers, il y en avait aussi et en plus grand nombre dans celles des *comus* et des pauvres.

Sur le registre des estimations et sur le rôle des contributions, les habitants étaient répartis par gaches; il y avait de plus le rôle ou la carte des mégiers. Le 4 mars 1383, le conseil émet le vœu que les mégiers rentrent dans la loi commune et soient désormais portés au rôle de leurs gaches respectives. Il semble qu'on n'attachât plus un sens bien précis à ce mot de mégier et que la catégorie qu'il désignait ne fut maintenue que pour obéir à la tradition.

En 1384, le conseil nomma Pierre de Palharols capitaine de la ville; mais les gens de la cour du comte ne voulurent pas l'agréer, et il en fallut nommer un autre à sa place. Le motif qui fut mis en avant par les gouverneurs du comté pour justifier leur refus était que Pierre de Palharols appartenait à la classe des mégiers. Et cependant les Palharols n'étaient pas à Castres les premiers venus. Jean de Palharols père de Pierre et mégier comme lui, jouissait d'une fortune qui n'était pas sans importance pour l'époque et qui fut estimée en 1373 à 2.500 livres. (1) Pierre lui-même fut plusieurs fois consul et fit partie de diverses députations. Il n'était pas d'ailleurs sans aptitudes militaires et prit part, comme homme d'armes monté, à une expédition qui fut dirigée par les gens de Castres contre les Anglais de Janes, en 1382. Peu de temps après, il assista au siège de Curvalle. C'était donc justement que les suffrages des consuls et de leur conseil l'avaient appelé à devenir capitaine de la ville. Quels étaient donc les motifs d'incompatibilité, inhérents à sa situation comme mégier, qui empêchèrent Palharols d'être installé dans les fonctions qui lui avaient été dévolues ? Les contemporains ne les savaient plus bien eux-mêmes ; nous sommes excusables de les ignorer.

---

(1) En 1373, la valeur intrinsèque de la livre tournois était de 11 f. 83. On estime qu'à cette époque le *pouvoir* du denier tournois était d'environ 20 centimes de notre monnaie. D'après cette donnée le *pouvoir* de 2500 livres serait représenté par 120 000 francs.

VIII

Il y avait aussi (dans l'église de Saint-Benoit) de beaux tombeaux qui périrent avec tout le reste. Le texte seul de quelques inscriptions tumulaires nous a été conservé.

Parmi les épitaphes citées par Borel, il en est une qui est considérée comme apocryphe et que, pour ce motif, nous avons été obligé de rejeter.

« Au milieu de la nef de l'église, dit Borel, était enseveli, avec son effigie par dessus, Béru, neveu de Addo, roi de Barcelone, avec cette inscription :

Hic tumulatur princeps Beru, nepos Addonis regis Barchinonensis, qui hortationibus fratris Helisachar prioris monasterii de Castris, falsam deposuit religionem, veram suscepit, uno et eodem die baptisatur, moritur et vivit in æternum, anno incarnati verbi octogintesimo, idib. Septembris.

« Ce roi Addo et Béru son neveu étaient maures et et étaient venus l'an 800 à Narbonne; ils y furent arrêtés prisonniers et de là conduits à Castres et enfermés dans la grosse tour de l'abbaye; et Béru étant mort dans trois mois, le roi Addo fut conduit à Charlemagne.

« Quant à Hélisachar dont il est parlé dans cette épitaphe, il fut après abbé de Castres et fut envoyé par Louis le Débonnaire à Barcelone avec deux comtes, à savoir Hildebrand et Donat, l'an 826, pour pacifier les troubles et tumultes de Barcelone et pays adjacents. »

Il n'y a eu qu'un Hélisachar, abbé de Castres; et il le fut seulement en 854; par suite il ne peut être le même que cet Hélisachar, prêtre et abbé, qui, suivant Eginhard fut envoyé en 827 par l'empereur, avec les comtes Hildebrand et Donat, pour apaiser les troubles qui s'étaient élevés sur la frontière d'Espagne.

Le désir d'identifier Hélisachar, abbé de Castres, avec cet autre abbé de même nom qui jouissait de la confiance de Louis le Débonnaire, ce désir a donné lieu à la fable de la captivité du roi de Barcelone Addo et de son neveu Béru dans la grosse tour du monastère de Castres. De là à la fabrication de l'épitaphe de Béru la pente était facile. Nous croyons qu'Hélisachar, abbé de Castres en 854, est le même qu'Hélisachar, évêque de Toulouse en 861, lequel visita les reliques de saint Vincent en 863.

Quant au personnage que Borel appelle Addo et qui, suivant lui, aurait été roi de Barcelone, voici les renseignements que nous donne de lui, sous son véritable nom de Zata, l'historien de Charlemagne, Eginhard :

« 797. — La cité de Barcelone, située sur les frontières d'Espagne, avait tour à tour appartenu, suivant les chances de la guerre, tantôt aux Francs, tantôt aux Sarrasins. Elle fut, vers cette époque, remise entre les mains du roi par le sarrasin Zata qui s'en était emparé. Ce chef vint au commencement de l'été à Aix-la-Chapelle trouver le roi et se placer volontairement ainsi que cette ville sous son autotorité. »

« 801. — Pendant l'été de cette année, la cité de Barcelone en Espagne, que les Francs assiégeaient depuis deux ans, tomba en leur pouvoir. Zata, gouverneur de cette ville, et un grand nombre de Sarrasins furent faits prisonniers. En même temps, on prenait en Italie et on livrait aux flammes la ville de Chieti. On fit prisonnier le gouverneur Roselme et les châteaux qui en dépendaient se rendirent aux Francs. Zata et Roselme furent conduits le même jour en présence de l'empereur et tous deux condamnés à l'exil. »

IX

Quelques documents qu'on trouvera ci-après donnent des renseignements intéressants sur le régime intérieur des maladreries. (*)

On y verra que ces maisons se gouvernaient elles-mêmes, sous la surveillance d'un syndic nommé par les consuls ; qu'elles avaient à leur tête, un lépreux ayant autorité sur les autres et qu'on appelait le *ladre majoral*.

On y verra aussi que la lèpre se perpétuait plutôt par hérédité que par contagion, par suite des mariages que les lépreux étaient autorisés à contracter entre eux.

(*) Voir pièces justificatives VI, VII et VIII. Ces pièces font partie des vieilles minutes de M. Roger, notaire à Castres, à la libéralité et à la complaisance duquel nous nous empressons de rendre hommage.

PIÈCES JUSTIFICATIVES

PIÈCES JUSTIFICATIVES

I

RÉUNION DU COMTÉ DE CASTRES A LA COURONNE

(Extrait de l'inventaire des archives fait en 1553)

Plus y est l'arrêt imprimé en un livret couvert de parchemin, donné par la cour de Parlement de Paris, portant incorporation du comté de Castres au domaine de la couronne de France, étant en latin et en français, en date du second de janvier 1520, avec l'acte de l'exécution du dit arrêt fait par Monsieur Mr Prévot conseiller du roi en ladite cour de parlement, commissaire à ce député, avec la prestation du serment de fidélité fait au roi par les consuls de ladite ville de Castres, et bail des clefs d'icelle du 26e jour de mars 1521.

II

RÉGIME DES ÉCOLES DE CASTRES

L'an de l'Incarnation de N.-S. Dieu Jésus-Christ 1542 et le premier jour du mois de mars, très chrétien prince François par la grâce de Dieu roi de

France régnant, dans la maison commune de la ville et cité de Castres, sénéchaussée de Carcassonne, en la présence de moi notaire royal et témoins ci-après nommés, constitués et établis en personnes sages hommes sire Jehan Landes, Jehan Maffre, Guillaume Falguas et Antoine Jehan, consuls de la cité de Castres, lesquels, au nom de la communauté dudit Castres ont baillé la régence des écoles dudit Castres à maistre Jehan Astrugue, natif du lieu de Burlas, illec présent, et l'ont chargé de ladite régence, acceptant pour l'an mil cinq cent quarante-trois avec les pactes suivants :

Et premièrement est pacte que ledit Astrugue sera tenu d'avoir et pourvoir aux dites écoles d'un poëte et bachelier bons et suffisants pour les poëtes et grammaire.

Item, sera tenu ledit Astrugue de faire trois auditoires, un de régent maistre-mage, autre de poëte et l'autre de bachelier, et tirer et conduire peu à peu les écoliers d'un auditoire à l'autre suivant la capacité desdits écoliers.

Item, sera tenu ledit Astrugue de lire et faire lire toutes leçons nécessaires auxdits écoliers et de sciences permises et non d'aucun livre prohibé et suspect.

Item, sera tenu ledit Astrugue instruire, instituer, enseigner et informer lesdits écoliers en bonnes mœurs et sciences et ne leur montrer aucun mauvais exemple ni escandale.

Item, ledit Astrugue fera convenir les enfants écoliers de ladite ville de Castres et consulat d'icelle, refusant payer leurs salaires, en la cour des dits Messieurs consuls et non ailleurs ni en autre cour.

Item, est pacte que ledit Astrugue n'exigera, lèvera ni prendra des écoliers de ladite ville de Castres et consulat d'icelle, natifs et habitants, sinon les gages et salaires modérés sous-spécifiés et déclarés ; et des autres écoliers forains et non natifs de ladite ville et consulat d'icelle ce qui sera convenu et accordé de leur salaire entre eux.

Item, ledit Astrugue sera tenu conduire et amener lesdits écoliers aux sermons et processions, à rang et sans faire bruit ni tumulte par la ville de Castres.

Item, ledit Astrugue ne permettra que ses dits écoliers ni aucun d'eux portent armes ni harnais, ni lèvent bandols, dissentions et mutinations entre eux, pour que escandales puissent s'en suivre, mais lesdénoncera auxdits Messieurs consuls pour y donner ordre ainsi que sera de raison.

Item, aux processions, ledit Astrugue pour tenir mieux en ordre les dits écoliers se mettra après iceux avec son poëte et bachelier incontinent et devant l'église.

Item, est pacte que ledit Astrugue ne lèvera ni aura aucun salaire des enfants orphelins notoirement pauvres de ladite ville et consulat d'icelle ; mais pour salaire et paie d'iceux, lesdits Messieurs consuls, au nom de ladite communauté de Castres, ont promis donner et payer audit Astrugue la pension de dix livres tournois à la fin de l'année.

Item, est pacte que lesdits Messieurs consuls ont promis faire tenir et jouir la régence desdites écoles et baillement d'icelle audit Astrugue et ne lui bailler aucun compétiteur ni empêchement, et ledit

Astrugue a promis icelle continuer de bien régir avec ses poëte et bachelier, et ce de la prochaine fête de la Saint Jean-Baptiste en un an.

SALAIRES ET ÉMOLUMENTS

Des écoliers natifs et habitants de la ville de Castres et consulat d'icelle.

Premièrement, des écoliers de l'alphabet jusqu'à ceux apprenant l'office de Notre-Dame, cinq sous tournois. Et d'iceux apprenant ledit office Notre-Dame jusques aux apprenant les parts, sept sous, six deniers tournois. Et des partistes jusqu'aux grammairiens, dix sous tournois.

Des dits grammairiens jusqu'aux logiciens, quinze sous tournois.

Des dits logiciens, philosophes et théologiens vingt sous tournois.

Et ce s'entend, comme dit est, des enfants de la ville de Castres et consulat d'icelle.

Et des autres, comme sera accordé entre eux et ledit Astrugue.

. . . .

Et ainsi l'ont promis et juré sur les saints Evangiles de Dieu de leurs mains droites touchés.

. . . .

Fait les jour, an, lieu et régnant que dessus, et ce ès présences de maistres Guillaume Rodier bachelier ès droits, Jean Verdier, bourgeois, Guillaume Aymeric, marchand, Jean de Lafon, clerc, du dit Castres habitants, témoins illec présents et appelés, et de moi.

BUADECARE, notaire.

RÉCEPTION DU POETE ET BACHELIER

pour la régence des écoles de Castres.

15 mai 1542.— Sire Antoine Jehan, consul, pour lui et ses compagnons, ayant au préalable reçu rapport de la idonéité, suffisance, science et capacité et des lectures, compositions et disputations faites par Me Jean Narigue de Lectoure, poëte, et Julien Le Faucheur du Mans, bachelier, et ce en la présence du père gardien du couvent de St François et ses compagnons dudit couvent et autres, a reçu ledit Narigue pour poëte et ledit Le Faucheur pour bachelier en lesdites écoles du dit Castres, pour l'année prochaine commençant à la St Jean Baptiste prochainement venant, illec présents. Lesquels ont promis aux consuls de lire toutes et chacunes lectures nécessaires et de garder et observer les pactes et conventions concernant le poëte et bachelier faits et passés entre lesdits consuls et maitre Jehan Astrugue, maitre-mage des écoles, illec présent.

16 mai 1542. — Il fut convenu entre Astrugue maitre-mage des écoles et lesdits Narigue, poëte et Le Faucheur, bachelier desdites écoles que tous profits, émoluments, revenus, salaires desdites écoles seraient partis entre eux par égale part et portion, hormis et réservé les gages que ladite ville donne et a assignés audit Astrugue, auquel appartiendront en seul.

III

19 février 1575. — Sire Antoine Thomas, jadis receveur, a remis, baillé et délivré dans la maison commune, présent le conseil,..... un instrument en parchemin de la confection de la caisse de saint Vincent dudit Castres, retenu et expédié par Me Bernard Creyssentis, notaire, en l'an mil trois cent et douze.

Extrait de l'inventaire des archives fait en 1553,

Une carte comment Bernard Saysse et ses compagnons furent constitués procureurs pour recevoir les aumônes données pour faire la caisse d'argent de saint Vincent en l'année 1312.

IV

NOTIFICATION

Faite par le Chapitre de Castres aux Jacobins.

L'an de l'Incarnation de Notre-Seigneur Dieu Jésus-Christ mil cinq cent quarante-deux et le 22e jour du mois de septembre, très chrétien prince François par la grâce de Dieu roi de France régnant, dans l'église du couvent des frères Jacobins de la ville et cité de Castres, sénéchaussée de Carcassonne, en la présence de moi, notaire royal et témoins ci-après nommés, constitués nobles personnes Mrs Raymond de Vayrac et Jean de Villespassans, chanoines de l'église cathédrale dudit Castres, lesquels par l'organe dudit de Vayrac, au nom du chapitre d'icelle église cathédrale, ont intimé et notifié à honorable religieux frère..., prieur desdits Jacobins, illec présent, et autres de ses frères, comment les Messieurs dudit chapitre viendraient demain, qui est la Translation de saint Vincent, faire et dire l'office en ladite église des Jacobins, en la forme, manière et heure anciennement accoutumées. Et ledit prieur leur a répondu qu'ils soient bienvenus.

Desquelles notification et réponse icellui de Vayrac a requis instrument public en être retenu par moi notaire soussigné

BUADECARE.

DÉCLARATION DE L'OFFICE

Fait par le chapitre de l'église cathédrale de Castres en l'église des Jacobins

L'an de l'Incarnation de Notre-Seigneur Dieu Jésus-Christ mil cinq cent quarante-deux et le vingt troisième jour du mois de septembre, très-chrétien prince François roi de France régnant, en la présence de moi notaire royal et témoins ci-après nommés, dans l'église des Frères Jacobins de la ville et cité de Castres, sénéchaussée de Carcassonne, constitué noble homme Messire Jean Delamote, chanoine et syndic du vénérable chapitre de l'église cathédrale dudit Castres, lequel, au nom d'icelui chapitre, a dit, narré et déclaré comment les Messieurs chanoines de ladite église cathédrale auraient fait l'office et dite la grand-messe dans le chœur de la dite église des Jacobins, le présent jour que se solennise la fête de la Translation de saint Vincent. Et ce sans aucun empêchement ni trouble. De quoi a requis instrument public en être retenu par moi notaire soussigné.

BUADECARE.

V

RECONNAISSANCE

Des clefs du couvent et église de la Trinité de Castres

Les an et regnant que dessus et le vingtième jour du mois de mars, en la présence de moi notaire et témoins ci-après nommés, par devant nobles et égrèges personnes Maistres Raymond Guytard, dit de Taurines, Brenguier du Rozet succenteur, Jean de la Villespassans trésorier, Théobald de la Pallu hostalier, Pierre de Villettes œuvrier, Bertrand Guytard, Guy Guittard, Guillaume Cajarc, Jean..., Raymond de Vayrac, François de Villespassans, Bouffil de Peyrusse et Jean de Granges, chanoines de l'église cathédrale de Castres illec congrégés, a comparu religieux homme frère Jacques Le Veson, ministre du couvent de la Trinité dudit Castres, lequel, suivant l'ancienne coutume, a présenté aux dits Messieurs du chapitre les clefs du dit couvent et église d'icellui, reconnaissant, au nom de ses frères et couvent, icelles tenir dudit chapitre comme seigneur et recteur, promettant comme ses prédécesseurs les bien tenir et garder, et tenir comme sujets à icelui chapitre. Lesquels Messieurs du chapitre ont commendé icelles clefs audit ministre, comme anciennement a été accoutumé. De laquelle présentation et commende lesdits Messieurs du chapitre et ministre respectivement en ont requis et concédé instrument être retenu par moi notaire soussigné. Et ce ès présences de maistres Guillaume Auriol, Mathieu Pot, prêtres, Michel Laurent notaire, dudit Castres habitants, témoins illec présents et appelés et de moi.

BUADECARE.

VI

RÉCEPTION

de Jehan Donarre, ladre, à la maison de la ladrerie.

Sachent tous présents et à venir que l'an de l'Incarnation Notre-Seigneur Jésus-Christ mil cinq cent cinquante-six et le huitième jour du mois de janvier, régnant très chrétien prince Henri, par la grâce de Dieu roi de France, en la cité de Castres, sénéchaussée de Carcassonne, par devant moi notaire et témoins sous-nommés, établis en personnes honorables hommes sires Jehan Benoît et Bernard Borjade, consuls dudit Castres, à eux assistants Me Guillaume Albion, licencié ès droits, syndic de ladite ville. Lesquels, en nom d'icelle et générale université, de leur bon gré, ont reçu Jehan Donarre, fils de feu Pierre, ladre de la ladrerie du lieu de Château-Vieux lès Albi, ici présent requérant et acceptant, — et ce, pour demeurer et habiter en la maison de la ladrerie Saint-Barthélemy dudit Castres avec Astrugue Pielle, ladre, demeurant à icelle, laquelle toutefois y sera maîtresse et gubernatrice de ladite maison. Après ce que auxdits sieurs consuls a apparu par certificature des consuls dudit lieu de Château-Vieux, que ledit Donarre leur a communiquée et mise par devers moi notaire soussigné, qu'il était natif de ladite maison de la ladrerie Saint-Jean dudit lieu de Château-Vieux et y avait bien vécu et en homme de bien Lequel Donarre a promis de aller faire les quêtes, tant par la ville et consulat de Castres que ailleurs, pour les malades de ladite maison Saint-Barthélemy de Castres, rendre bon compte et prêter le réliquat des aumônes pies, qui lui seront faites, à ladite Pielle, et de porter en ladite maison vingt-cinq écus petits de la valeur chacun de vingt-sept sols, six deniers tournois, quatre livres d'étain, deux linceuls, une couverte bonne et suffisante et quatre charretées de bois. Ce que lesdits consuls et Albion, leur syndic, avec Jehan Chauderon, marchand et syndic de ladite maison de la ladrerie, ici présents, ont accepté.

De laquelle somme a ici réellement baillé et délivré à ladite Pielle, du consentement desdits consuls et syndics, dix écus petits en monnaie blanche, en la présence des dits sieurs consuls, moi, notaire et témoins sous-nommés. Et cinq écus petits a promis de payer à la prochaine fête de Toussaint, et aussi, chacun jour à ladite fête de Toussaint, autres cinq écus petits, jusques que ladite somme sera payée. Et lesdits linceuls, couverte et bois jusques à ladite fête de Toussaint prochainement venant ; et ledit étain de ladite fête de Toussaint prochaine en un an. Lequel argent et aumônes a promis ladite Pielle mettre en un coffre en ladite maison de la ladrerie, duquel elle et ledit Donarre en garderont une clef et une autre clef le syndic de ladite maison.

Et sera permis audit Donarre, ladre, se marier et contracter mariage en ladite maison, quand il trouvera son parti, après en avoir eu le consentement et permission des dits sieurs consuls.

Et la femme qu'il épousera sera tenue de apporter en ladite maison autant de sommes et autres choses que dessus ledit Donarre a promises de y apporter, avant que elle entre dans ladite maison.

Pour lequel Donarre, établi en personne Pierre Roques, ladre et majoral de la ladrerie de Gaillac, de son bon gré a pleigé et cautionné envers lesdits sieurs consuls et ville de Castres et promis de lui faire tenir et observer tout le contenu au présent instrument..... etc.

Bissol, notaire.

VII

PERMISSION

A Jean Donarre, ladre, contracter mariage et mener sa femme en la maison de la ladrerie Saint-Barthélemy de Castres.

Sachent tous présents et à venir que l'an de l'Incarnation Notre-Seigneur Jésus-Christ mil cinq cent cinquante-sept et le vingt-septième jour du mois d'août, regnant très chrétien prince Henri, par la grâce de Dieu roi de France, en la cité de Castres, sénéchaussée de Carcassonne, par devant moi notaire et témoins sous nommés, établi en personne Jehan Donarre, ladre de la ladrerie Saint-Barthélemy de la présente ville de Castres. Lequel a dit et déclaré à honorables hommes sires Jehan Benoît et Bernard Borjade, consuls dudit Castres, qu'il aurait délibéré se marier et prendre à femme et loyale épouse en sainte mère Eglise, Catherine Blanque, fille de Antoine Blanc, ladre de la ladrerie de Gaillac. Si, les a requis et suppliés que soit leur bon plaisir et de la communauté et générale université dudit Castres lui permettre faire et contracter ledit mariage avec ladite Blanque et de icelle amener pour demeurer et habiter avec lui en ladite maison de la ladrerie Saint-Barthélemy de la présente ville.

Et pource que dernièrement qu'il fut reçu par lesdits consuls en ladite maison de la ladrerie, il promit que, au cas qu'il se marierait, la femme qu'il épouserait et voudrait amener en ladite maison de ladite ladrerie apporterait en icelle la somme de vingt-cinq écus petits de la valeur chacun de vingt-sept sous, six deniers tournois, quatre livres d'étain, deux linceuls, une couverte de lit, bons et suffisants, et quatre charretées de bois ; payables, dix écus petits le jour que sadite femme viendra demeurer et habiter en ladite maison, et cinq écus chacun an à la fête de Toussaint, jusques que ladite somme de vingt-cinq écus petits serait entièrement payée, et lesdits linceuls, couverte et bois à la prochaine fête dudit Toussaint, et l'étain dans un an après, tout ainsi qu'il y a apporté ou promis de y apporter et payer en ladite maison, ainsi qu'il est contenu en l'instrument sur ce fait, retenu par moi notaire soussigné, le huitième jour du mois de janvier dernier passé, mil cinq cent cinquante-six.

Et satisfaisant au contenu d'icelui, ledit Donarre a ici réellement baillé et délivré pour ladite Blanque, sa future femme, la somme de dix écus petits de la valeur susdite et six écus de pistollets. Laquelle somme a été ici réellement prise et reçue du consentement des dits sieurs consuls et du sieur Jean Chauderon, marchand de Castres et syndic de la dite ladrerie, par Astrugue Pielle, ladre, demeurant à Icelle. Et le restant de la dite somme et meubles susdits a promis le dit Donarre pour sa dite future femme de payer et apporter en la dite maison à semblabies termes et payes que dessus, contenus aux susdit instrument Et pour ce faire, a promis de bailler en pleige et caution aux dits sieurs consuls, pour la dite Blanque, Pierre Roques, ladre et majoral de la ladrerie du dit Gaillac, comme a semblablemènt pleigé et cautionné pour le dit Donarre, et icelui présenter aux dits consuls aux fins susdites au premier jour et à la première réquisition.

Et moyennant ce dessus, les dits consuls ont consenti audit mariage et permis au dit Donarre, ici présent et acceptant, d'amener en la dite maison de la ladrerie du dit Castres icelle Blanque, sa future femme, pour en icelle y demeurer et habiter ensemble, comme gens de bien et bons pères de famille doivent et sont tenus de faire.

Laquelle somme susdite de dix écus petits a promis la dite Pielle de mettre dans le coffre de la dite maison. Duquel coffre elle et le dit Donarre en garderont une clef et le dit Chauderon, syndic de la dite maison, une autre clef, pour après, mettre et employer la dite somme et autres au profit et commodité de la dite maison, nourriture et entretenement des malades d'icelle. . . . .

Bissol, notaire.

VIII

Samedi, treizième jour de septembre mil cinq cent soixante un, par devant Messieurs les consuls de Planis et Vignevieille, au devant de l'hôpital de la ladrerie dudit Castres.

Me Guillaume Albion, licencié ès-droits, a dit avoir baillé requête à ce que, le jour d'hier, un sien fils passant auprès de la maison du dit hôpital, un gros chien que Jean Donarre, ladre majoral dudit hôpital, tient en icelle, lequel blessa son fils grandement. — A requis être fait commandement au dit Donarre et autres ladres du dit hôpital de tuer le dit chien, pour les dangers et dommages publics que peut advenir aux passants au devant et près de ladite maison, et condamnés à la somme de dix livres pour le rembourser des frais et fournitures que lui coûteront les médicaments de faire panser son dit fils de sa blessure. . . . .

A comparu le dit Donarre, qui a dit qu'il tient attaché le dit chien et offre de le tenir attaché, et il n'y a lieu de le tuer, de tant que c'est pour la garde de la dite maison et hôpital.

A comparu Malras, syndic, lequel, adhérant au dit Albion, a semblablement requis être fait commandement au dit Donarre de tuer le dit chien pour les escandales qui s'en pourraient ensuivre. Et néanmoins, de tant qu'il a été averti que le dit Donarre va par les maisons de la dite ville de Castres panser et apprendre les aleures (allures) aux chivals sans porter leur merque (la marque des ladres), qui est un grand escandale dont s'en pourrait ensuivre grand dommage, requiert lui être fait inhibitions et défenses de ne aller ni fréquenter par les maisons de ladite ville, ni autrement aller par icelle ni ailleurs, sans porter la merque de ladre, à la peine d'être tiré hors de ladite maison et hôpital.

Appointé qu'il est fait commandement au dit Donarre et tous les autres ladres, malades dudit hôpital, de tuer ledit chien dans trois jours, et néanmoins être fait inhibitions et défenses de ne aller, hanter ni fréquenter par les maisons et habitants de ladite ville, ni autrement aller par la dite ville ni ailleurs, sans porter leur merque de ladre, à la peine du fouet et d'être tirés hors de la dite maison et hôpital.

FIN

TABLE

Pages.

CHAPITRE I. — Origines de la ville de Castres. — Fondation du monastère de Saint Benoit. — Liste des abbés. — 647-864 5

— II. — Histoire de l'invention et de la translation à Castres du corps du bienheureux Vincent, lévite et martyr 13

III. — Suite de la liste des abbés de Castres. — Fondation du monastère d'Ardorel. — 864-1317. . . . 34

— IV. — Première croisade. — Pierre Raimond d'Hautpoul.—1095-1098. 50

— V. — Croisade contre les Albigeois. — Mœurs de la France méridionale. — Les Troubadours. — 1147-1226 55

— VI. — Privilèges et libertés de la ville de Castres 73

— VII. — Seigneurs de Castres de la maison de Montfort. — 1229-1300 . . 86

— VIII. — Les Dominicains et les Cordeliers de Castres. — Bernard Délicieux 93

Pages.

Chapitre ix. — Evêques de Castres. — Seigneurs et comtes de Castres de la maison de Vendôme : Jean V, Bouchard VI, Jean VI, Bouchard VII. — 1317-1369 99

— x. — Consuls de Castres. — Comtes de Castres de la maison de Bourbon : Jean I, comte de la Marche et de Castres. — Le duc d'Anjou, gouverneur général du Languedoc — 1373-1380 111

— xi. — Consuls de Castres (suite). — Le duc de Berri, gouverneur général du Languedoc. — 1380-1390. . 140

— xii. — Jacques de Bourbon, comte de la Marche et de Castres.— Bataille de Nicopolis.— Louis de Bourbon, comte de Vendôme. — 1391-1399. 169

— xiii. — Jacques de Bourbon, comte de la Marche et de Castres, roi de Hongrie et de Jérusalem. — Comtes de Castres de la maison d'Armagnac. — Bernard d'Armagnac, comte de La Marche et de Castres. 1401-1458. 193

— xiv. — Jacques d'Armagnac, duc de Nemours, comte de Castres. — 1459-1477. 215

— xv. — Bouffil de Juge, comte de Castres. — Réunion du comté de Castres au domaine de la couronne.

Pages

— Institutions. — Coutumes. — Aspect et description de la ville de Castres au XVe siècle. — 1477-1519 235

NOTES 269

PIÈCES JUSTIFICATIVES 285

FIN DE LA TABLE

CASTRES, IMP. ABEILHOU, BREV.

www.ingramcontent.com/pod-product-compliance
Ingram Content Group UK Ltd.
Pitfield, Milton Keynes, MK11 3LW, UK
UKHW021850190726
13855UKWH00001B/252